Vera Smirnova

In Russian?
With Pleasure!

Textbook 2

Communicating in Russian for beginners
(60-70 hours)

Level A2

Textbook, grammar workbook & exercises, CD

2017

© 2017 Vera Smirnova
© 2017 Vera Smirnova & Co – EWIS

No part of this publication may be reproduced by any means without the permission of Vera Smirnova and copyright holders.

Editor: A.Efendieva
Design: Adem
Pectures: Vera Smirnova & Co – EWIS

The textbook «In Russian? With pleasure!» is intended for adults beginning to study Russian, as a foreign language.
It can be used both in the conditions of a multilingual environment and in a Russian-speaking environment. Book 2 - the second part of three - is designed for 60-70 hours of lessons with a teacher in groups of multilingual students or for self- study with a view to reviewing.
The structure and the submission of material correspond to level A2 in the European system of references CECRL.

The present textbook has been checked in the multilingual environment of Brussels. It has been used for a few years in the Russian language courses in Brussels at the school "Vera Smirnova & Co - East-West Information Services", in the evening courses in Institut Libre Marie Haps, as well as in various companies and organisations.
We would like to express our sincere gratitude to Rimma Kolesnikova, Maria Khristoforova, Alexandre Smirnov and my students for their help with the creation of this book.

Vera Smirnova

ISBN 978-2-930549-12-5
Vera Smirnova & Co-EWIS
200 Avenue de la Chasse
1040 Bruxelles, Belgique

Dépôt légal : D/2017/11.749/5

Русский язык

Уровень A2 – элементарный
60 – 70 часов

Коммуникативные и грамматические цели

Коммуникативные задачи и лексика

Изучив данную методику, ученик сможет :
- Говорить о расписании своего дня (подробно)
- Составить планы на будущее
- Рассказать о своем прошлом, что он делал вчера
- Пригласить кого-либо в кино, театр
- Предложить делать что-либо вместе
- Назначить встречу
- Назначить время
- Спросить цены
- Делать покупки
- Заказать ресторан, забронировать билеты на самолёт, в театр…
- Заказать еду в ресторане
- Организовать путешествие, визит
- Забронировать гостиницу, экскурсию в турагентстве
- Пройти формальности в аэропорту
- Ездить на метро (понимать схему метрополитена)
- Рассказывать о стране, о городе, о народе (в общих чертах)

Грамматические задачи :

Будущее время глаголов
Глаголы движения в прошедшем времени (ходить, ездить, летать)
Глаголы движения в будущем времени (идти, ехать, лететь) с префиксом «по»
Виды глагола
Повелительное наклонение
Падежи :
- Винительный (существительное, местоимение, прилагательное)
- Родительный (существительное, местоимение)
- Предложный (существительное, местоимение, прилагательное)

Предлоги :
- в/на – с винительным падежом
- в/на/о – с предложным падежом
- для/у – с родительным падежом

N.B. Аспекты грамматики изучаются в соответствии с коммуникативными задачами.

СОДЕРЖАНИЕ

Стр.

Урок № 1 6
Тема: Рабочий день
Лексика: Время
Грамматика: Родительный падеж для слов «час, минута, день, неделя, месяц, год» и после слов «Сколько, несколько, много, мало».
Родительный падеж после числительных.

Урок № 2 12
Тема: Куда вы ездили летом?
Лексика: Дни недели. «Час/неделю .... назад». «Почему?» – «Потому что/Поэтому».
Грамматика: Глаголы «ходить/ездить» в прошедшем времени. Винительный падеж с глаголами движения. Винительный падеж для выражения времени (час/неделю … назад)

Урок № 3 20
Тема: Наши планы
Лексика: «Через час/неделю…»
Грамматика: Будущее время глаголов несовершенного вида. Глаголы «пойти/поехать». Предложный падеж существительных, прилагательных и местоимений с предлогом «о».

Урок № 4 27
Повторение

Урок № 5 29
Тема: Что случилось?
Лексика: Видовые пары глаголов. Лететь-Летать-Полететь
Грамматика: Виды глагола. Будущее время глаголов совершенного вида.

Урок № 6 38
Тема: Русские, какие они?
Лексика: Русские блюда. Тосты.
Грамматика: Винительный падеж существительных, личных местоимений, прилагательных.

Урок № 7 47
Тема: Иностранец в городе.
Лексика: Городские вывески. Глагол «идти» с приставками.
Грамматика: Повелительное наклонение.

Урок № 8 .... **54**

Тема: Что, где купить?

Лексика: Деньги – рубли, копейки. Числительные.

Грамматика: Родительный падеж существительных. Употребление родительного падежа с числительными, в отрицательных фразах, с предлогами «для/у», после слов «сколько, несколько, много, мало».

Урок № 9 .... **61**

Повторение

Тексты для прослушивания **65**

Поурочный словарь **69**

Грамматические таблицы **71**

УРОК № 1	ПЕРВЫЙ УРОК

РАБОЧИЙ ДЕНЬ

Это часы

| Один | Одна | Одно | Одни | Два | Две |

- Скажите, пожалуйста, который час?
- Скажите, пожалуйста, сколько сейчас времени?

Час

Сейчас

Один час
Двадцать один час
Два, три, четыре час**а**
Двадцать два, три, четыре час**а**
Пять, шесть…… двадцать час**ов**

Минута

одн**а** минута
двадцать одн**а** минута
дв**е, три, четыре** минут**ы**
двадцать дв**е, три, четыре** минут**ы**
пять, шесть……. двадцать минут
двадцать пять,… тридцать
пятьдесят девять минут

Задание 1. Читайте в парах:

- Скажите, пожалуйста, который час?

- Сейчас (09:17) девять часов семнадцать минут
- Сейчас (15:41) пятнадцать часов сорок одна минута
- Сейчас (14:52) четырнадцать часов пятьдесят две минуты
- Сейчас (21:12) двадцать один час двенадцать минут
- Сейчас (22:01) двадцать два часа одна минута
- Сейчас (24:00) двадцать четыре часа (полночь)
- Сейчас (12:00) двенадцать часов дня (полдень)
- Сейчас (00:03) ноль часов три минуты

Задание 2. Работайте в парах. Спрашивайте время и отвечайте:

Вставать	**Начинать**	**Кончать**
Я встаю	Я начинаю	Я кончаю
Ты встаёшь	Ты начинаешь	Ты кончаешь
Они встают	Они начинают	Они кончают

Начинаться	**Кончаться**	**Продолжать/ся**
Фильм начинается	кончается	продолжается
Уроки начинаются	кончаются	продолжаются

Открывать/ся	**Закрывать/ся**	
Магазин открывается	Закрывается	
Рестораны открываются	закрываются	

КОГДА?

A: - Когда открываются магазины в Москве?
B: - Магазины в Москве открываются обычно в 10:00 часов, а закрываются в 20:00.

A: - Когда начинаются спектакли?
B: - Спектакли обычно начинаются в 19:00 часов, а кончаются в 21:30.

A: - Когда ты идёшь на работу?
B: - В 08:00 часов.

Задание 3. Слушайте, пишите время, читайте по ролям, проверяйте на странице 65:

 **Р1.**

Сергей: - Привет, Лена. Я должен купить новый французско-русский словарь. Ты не знаешь, когда открывается книжный магазин на Арбате? В …… или в ……….?
Лена: - Я думаю в……….. А закрывается в ………..

 **Р2.**

Ира: - Таня, ты завтра идёшь на работу рано?
Таня: - Да, завтра я иду на работу рано. У нас завтра конференция. Она начинается в ……. Я должна быть на работе уже в ……...
Ира: - А когда кончается ваша конференция?
Таня: - В ……….
Ира: - Отлично! Пойдём вечером в кино?
Таня: - Пойдём! Когда начинается фильм?
Ира: - Фильм начинается в ………….
Таня: - Но в ……….. я не могу! Я кончаю работать только в ………… часов.
Ира: - Тогда пойдём в ресторан! Рестораны открываются в ………..
Таня: - Хорошо. Встречаемся в …….. в ресторане «Эдельвейс».

7

Задание 4. Составьте диалоги, работайте в парах:

- Дима, пойдём в кино!
- Пойдём. Когда начинается фильм?
- В 18 часов.
- Хорошо. Встречаемся в 17:30 в кинотеатре?
- Отлично. Договорились.

Слова:
Театр - спектакль
Клуб - лекция
Музей – экскурсия
Университет – конференция
19:00; 10:30; 14:45; 16:00

Задание 5. Посмотрите программу телевидения. Что вы хотите посмотреть и почему? Прочитайте диалоги и составьте подобные:

Первый канал.

8.00 Новости
8.15 Телеканал «Доброе утро»
9.15 Ритмическая гимнастика
11.00 Футбольное обозрение
11.30 Мультфильм
11.45 Французский язык
13.15 Мамина школа
13.30 Премьера фильма для детей «Саша, Маша и я», 1 серия
14.15 Новости (с субтитрами)
15.00 Реклама
15.10 Сегодня в мире
15.30 Наука и жизнь
17.00 Новости (с субтитрами)
18.00 Греция. День независимости
19.00 Международная панорама
20.00 «Спокойной ночи, малыши!»
20.15 Концерт
21.00 «Время». Информационная программа
21.30 «Чайка» художественный фильм
23.00 Наука и техника
23.10 «Огонь любви» Многосерийный фильм
2.10 Кубок чемпионов по бальным танцам
3.10 Премьера фильма А.Сакурова «Александра»
4.50 «Детективы»
6.55 Рок-концерт

- Давайте посмотрим рок-концерт!
- Во сколько он начинается?
- В 6.55.
- Это очень рано. Я ещё сплю.

- Давай посмотрим передачу «Наука и жизнь»!
- Во сколько она начинается?
- В 15.30.
- Но я в это время на работе!

- Давай/те ....
- Во сколько ....?
- В ....
- ....

- СКОЛЬКО ВРЕМЕНИ ТЫ РАБОТАЛ?   - Я РАБОТАЛ 8 ЧАСОВ.

30 минут = полчаса   1 час 30 минут = полтора часа

- Сколько времени ты читал журнал?   - Я читал журнал 2 часа.
- Сколько времени ты делал перевод? – Я делал перевод полчаса.
- Сколько времени продолжается фильм? – Фильм продолжается полтора часа.

Задание 6. Слушайте, повторяйте, читайте по ролям:

 Р3.
- Игорь, сколько времени ты смотрел вчера телевизор?
- Я смотрел телевизор 3 часа.
- А сколько времени ты делал домашнее задание?
- Домашнее задание я делал 20 минут.

 Р4.
- Таня, ты не знаешь, сколько времени ехать на вокзал?
- На метро один час, а на машине 20 минут.

 Р5.
- Сколько времени ты меня ждёшь?
- Я тебя жду одну минуту.
- А я думала, всю жизнь.

 Р6.
- Сколько времени ты писал статью?
- Я её писал одну неделю.

Один Одна	+	именительный падеж ед.ч.	час, день, месяц, год минута, неделя
2 - 4 две - 4	+	Родительный падеж ед.ч.	часа, дня, месяца, года минуты, недели
0, 5 – 20, 30, 40 …	+	Родительный падеж мн.ч.	часов, дней, месяцев, лет минут, недель

Сколько, много, мало, несколько + Родительный падеж мн.ч.

Задание 7. Отвечайте на вопросы:
1. Сколько лет Вы работаете в фирме?
2. Сколько времени продолжается Ваш отпуск?
3. Сколько дней ты был в Париже?
4. Сколько времени вы жили в России?
5. Сколько лет Вы учились?
6. Сколько времени Вы делаете домашнее задание?
7. Сколько дней в неделю Вы работаете?
8. Сколько недель в году Вы отдыхаете?
9. Сколько часов ты изучал русский язык?

Есть
Я ем
Ты ешь
Он/она ест
Мы едим
Вы едите
Они едят

Пить
Я пью
Ты пьёшь
Он/она пьёт
Мы пьём
Вы пьёте
Они пьют

Задание 8. Читайте:

Мой рабочий день

Меня зовут Дмитрий. Я директор. Это моя фирма. Мы производим компьютеры. Я уже работаю в фирме 10 лет, но директор я только 2 года.

Моя фирма находится далеко, нужно ехать полтора часа на машине. Поэтому я встаю рано - в 6 часов. Я делаю гимнастику и в 6:30 я уже еду на работу. Завтракаю я в машине, потому что утром дома у меня нет времени. Я ем бутерброд и пью воду. В 8 часов я на работе. Сначала я пью кофе и смотрю электронную почту. В 9 часов я иду в зал, где работают инженеры и смотрю, что они делают. В 10 часов у меня журналист газеты «Аргументы и факты». В час я иду в ресторан обедать. Потом в два тридцать я иду в банк. Нужно получить кредит. Потом у нас собрание. Оно начинается в пять часов. Собрание продолжается долго – 2 часа. Потом, когда оно кончается, я иду в кабинет и начинаю работать: читать письма, писать документы и планы, работать на интернете. Я еду домой в девять часов.

Сколько времени продолжается мой рабочий день? ………….

Да, это очень длинный день!

Р7 Задание 9. Работайте в парах. Задайте вопросы Дмитрию. Слушайте и проверяйте на странице 65:

1. …………………………………?
2. …………………………………?
3. …………………………………?
4. …………………………………?
5. …………………………………?
6. …………………………………?
7. …………………………………?
8. …………………………………?

- Я директор.
- Наша фирма производит компьютеры.
- Я работаю в фирме уже 10 лет.
- Я еду на работу в 06:30
- Я еду на работу полтора часа.
- Я еду на машине.
- Наше собрание начинается в 17:00 часов.
- Я кончаю работать в девять часов.

Задание 10. Спросите соседа, какой его рабочий день. Скажите, что он делает на работе:

6:00	Дмитрий встаёт
6:30	Он делает гимнастику
8:00	

Задание 11. Работайте в группах. Составьте диалоги:
Ситуации: Вы приглашаете друга/подругу в театр, в кино, в ресторан, на лекцию, гулять в парк, посмотреть передачу по телевизору. (По моделям заданий 4 и 5)

Что вы знаете о России?

По территории России проходит 11 часовых поясов. Когда на западе России начинается утро, на востоке уже вечер. Когда в Москве полночь, в Новосибирске 3:00, во Владивостоке 07:00, а на Камчатке 09:00 часов утра.

УПРАЖНЕНИЯ

А. Скажите, сколько сейчас времени:

08:15   18:42   12:30   21:41   03:02   16:15   22:33   19:05   14:51   07:15   04:22

Б. Отвечайте на вопросы:

1. Сколько времени ты сегодня работал? (8….) Когда ты начал работать? …….
2. Сколько времени продолжается фильм? (01:30 ….) Когда начинается фильм? …
3. Сколько времени ты обедал? (2 ….) Когда ты обедал? ……
4. Сколько времени ты смотрел телевизор? (5….) Когда ты начал смотреть телефизор? ……
5. Сколько времени работает магазин? (10 …) Когда закрывается магазин? ….
6. Сколько времени идёт конференция? (7 …) Когда кончается конференция? …

В. Выберите правильный вариант:

Работа ………………. в 9 часов.	Начинать
Антон ………………. работать в 9 часов.	Начинаться
Директор ………………. магазин в 10 часов.	Открывать
Магазин ………………. в 10 часов.	Открываться
Я ………………. работать в 6 часов.	Кончать
Фильм ………………. в 9 часов.	Кончаться
Наш проект ещё ………………. .	Продолжать
Мы ……………... делать этот проект.	Продолжаться
Туристическое агентство ………………. в 17 часов.	Закрывать
Известный профессор Денисов …………….. конференцию.	Закрываться

Г. Поставьте правильную форму:

1. День	1………….	2 …………	4 …………….	6 ……………	12 …………	31 ……….	43 ………….
2. Неделя	1 …………	2 …………	3 ……………	5 ……………	15 …………	22 …………	
3. Месяц	1 …………	3 …………	7 ……………	10 …………	24 …………	48 …………	
4. Год	1 …………	4 …………	5 ……………	8 ……………	13 …………	52 …………	

Д. Поставьте правильную форму - год, час, минута:

Это Ганс. Он немец. Он уже несколько ………..… работает в Москве. Он неплохо говорит по-русски, потому что он изучал русский язык 3 ………..… в Берлине. Сейчас он идёт в театр на спектакль «Чайка». Его подруга Света тоже хочет смотреть этот спектакль. Они должны встречаться в 18 ………..… на станции метро. Ганс очень пунктуальный человек, а Света, как всегда, опаздывает. Он ждёт её уже 15 ………..… . Спектакль начинается в семь ………..… . Нужно ещё ехать на метро 30………..…..., а потом идти пешком 15………..… . «Ну, ничего, - думает Ганс. – Света такая красивая, весёлая и умная. Я готов ждать её всю жизнь!»

Е. Отвечайте на вопросы. Работайте в парах:

А: Вы давно живёте в России?   А. Вы давно работаете в банке?
Б: Пять лет.   Б. ……………………….

А. Вы долго делали этот проект?   А. Вы долго путешествовали?   А. Вы …………
Б. ……………….   Б. ……………….   Б. ……………….

Слова: 2, 4, 6, 10 (день). 1, 2, 5, 10 (неделя). 1, 3, 8, 11 (месяц). 1, 4, 5, 8 (год)

УРОК № 2 — ВТОРОЙ УРОК

Куда вы ездили летом?

НЕДЕЛЯ:	Какой сегодня день	Когда? + Винительный падеж
1. (первый день)	Понедельник	В понедельник
2. (второй день)	Вторник	Во вторник
3. (третий день)	Среда	В среду
4. (четвёртый день)	Четверг	В четверг
5. (пятый день)	Пятница	В пятницу
6. (шестой день)	Суббота	В субботу
7. (седьмой день)	Воскресенье	В воскресенье

Выходные дни – суббота и воскресенье.

Праздничные дни.

ИДТИ - ХОДИТЬ → ЕХАТЬ - ЕЗДИТЬ →

Вчера   Ходил   Ездил
Раньше   Ходила   Ездила
              Ходили   Ездили

Куда? + Винительный падеж.

P8. Задание 1. Слушайте, повторяйте, читайте:

- Куда вы ездили летом?   - Летом мы ездили на море.
- Куда вы ходили вчера вечером? – Вчера вечером мы ходили в театр.
- Куда Андрей ходил в пятницу? – В пятницу он ходил в библиотеку.
- Куда Наташа ездила позавчера? – Позавчера она ездила на дачу.

P9. Задание 2. Слушайте и отвечайте на вопросы (проверяйте на стр.65):

1. ………………………………...
2. ………………………………...
3. ………………………………...
4. …………………………………
5. …………………………………
6. …………………………………

- **Почему** ты не идёшь гулять?
- **Потому что** сегодня плохая погода, идёт дождь.
- Сегодня плохая погода и идёт дождь, **поэтому** я не иду гулять.

Задание 3. Пишите потому что / поэтому:

1. У Поля русская жена, ………............. он изучает русский язык. 2. Я много занимаюсь, ………........ я хочу хорошо говорить по-русски. 3. Моя сестра работает в клинике, ………............ она врач. 4. У меня было очень много работы, ……….......... я не ездила отдыхать. 5. Сегодня вечером мы смотрим телевизор, …………….............. есть интересный фильм.

Р10. Задание 4. Слушайте и пишите, что делал Виктор:

Виктор – студент. Он учится в институте в Москве и изучает математику и физику. Утром в понедельник он…………………........... и слушал лекции, потом днём…………………… Во вторник он весь день ………………………, потому что должен был…………………….. В среду он……………………, он……………………………….. Днём он ………………….. и купил новый компьютер. А вечером он ……………………, потому что он изучает английский язык. Виктор, как практически все студенты, немного работает. Он работает в редакции «Экономист». В четверг он……………………………. А вечером был …………… и пил пиво. В пятницу он весь день……………………….., а потом ночью…………………….. В субботу утром он долго спал, а потом звонил в Петербург и долго разговаривал. Вечером он …………………………….. В воскресенье днём он …………………………….. играть в футбол, а потом ничего не делал, отдыхал дома.

Задание 5. Слушайте текст и проверяйте на стр. 65.
Читайте текст. Делайте интервью, работайте в парах:

Интервью:
Где ты учишься, Виктор?
Что ты изучаешь?
Что ты делал в понедельник?
Когда ты занимался в лаборатории?
Почему в среду ты не ходил в институт?
Когда ты изучаешь английский язык?
Ты только учишься или ещё работаешь?
Где ты работаешь, Виктор?
Что ты делал в четверг вечером?
Когда ты ходил на дискотеку?
Что ты делал утром в субботу?
Куда ты ходил в субботу вечером?
Что ты делал в воскресенье?

Виктор:
……………………………………………
……………………………………………
……………………………………………
……………………………………………
……………………………………………
……………………………………………
……………………………………………
……………………………………………
……………………………………………
……………………………………………
……………………………………………
……………………………………………
……………………………………………
……………………………………………

Задание 6. Спросите соседа, что он делал, куда ходил или ездил.
Скажите, что делал ваш сосед:

Дни недели	Что делал ……………..
Понедельник	
Вторник	
Среда	
Четверг	
Пятница	
Суббота	
Воскресенье	

Задание 7. Читайте текст. Подчеркните винительный и предложный падежи. Задайте вопросы к подчёркнутым словам:

Это мой друг Поль. Он голландец, но он живёт в Бельгии, потому что работает в фирме в Брюсселе. Его жена Ирина – русская. Она красивая и энергичная блондинка, поэтому Поль с удовольствием изучает русский язык. Летом они ездили в Россию. Они были в Москве и во Владимире. Во Владимире живёт семья Ирины. Её родители очень гостеприимные и весёлые люди.

Сначала Поль и Ирина были в Москве – столице России. Это экономический, промышленный, финансовый и культурный центр. Москва - красивый и интересный город. Но где жить? Гостиницы в Москве очень дорогие. Хорошо, что у Ирины есть в Москве друзья. Можно было жить у них два дня. Её друзья – художники. Конечно, Ирина и Поль, как и все иностранные туристы, посетили Кремль, Третьяковскую галерею, улицу Арбат. Они ходили на балет «Лебединое озеро» в Большой театр. А их друзья показали современные галереи, старые улицы в центре и книжный рынок. Потом они были во Владимире. Это совсем другой город. Какой контраст! Владимир – небольшой типичный старинный и уютный русский город. Он находится недалеко от Москвы, поэтому Поль и Ирина ездили туда на автобусе. Жили они дома у Ирины. Во Владимире они ходили в музеи и, конечно, в гости.

Задание 8. Пишите вопросы и отвечайте. Читайте, работайте в парах:

- Кто по национальности Поль?
- ………………………………………………..
- Почему он живёт в Бельгии?
- Почему Поль изучает русский язык?
- ………………………………………………..
- Какие города посетили Поль и Ирина?
- Почему они были во Владимире?
- Какая столица России?
- Какой город Владимир?
- ………………………………………………..
- ………………………………………………..

………………………………………………..
- Он живёт в Бельгии..
………………………………………………..
- В Россию.
………………………………………………..
………………………………………………..
………………………………………………..
- На автобусе.
- В музеи и в гости.

> Час, неде**лю**, месяц, (один) год **назад**
> 2-4 год**а**, 5-20 **лет**, 21 год, 22-24 год**а**, 25 лет

- Где вы были неделю **назад**? - Неделю **назад** мы ездили в Киев.
- Где ты была час назад? – Я ходила в магазин.

 Р11. Задание 9. Слушайте и читайте:

Встреча друзей

Игорь: - Костя! Привет! Я тебя 100 лет не видел! Как ты?

Костя: - Всё нормально! Спасибо. Пять лет назад я кончил институт. Потом я работал в Индии. Мы строили химическую фабрику. Я там много путешествовал. Это очень интересная страна. Теперь я опять в Петербурге. А как ты?

Игорь: - Я тоже кончил институт, экономический факультет. Два года назад я начал работать в банке. А несколько месяцев назад я встретил прекрасную девушку. Я думаю, что это серьёзно.

Костя: - Ты каждый раз думаешь, что это серьёзная история. Успехов! Пока!

Игорь: - Пока! До встречи!

Задание 10. Как вы думаете, что делал ваш сосед 5 лет назад?

Я думаю, что

……………………………………………………………………………………………………
……………………………………………………………………………………………………
……………………………………………………………………………………………………
……………………………………………………………………………………………………
……………………………………………………………………………………………………
……………………………………………………………………………………………………

> **Ходил/ездил** = **был**
> **Куда? + Винительный п.**   **Где? + Предложный п.**

Вчера мы **ходили на выставк**у = Вчера мы **были на выставк**е
Летом мы **ездили в Росси**ю = Летом мы **были в Росси**и

Задание 11: Читайте и ставьте вопросы к выделенным словам:

- Утром Антон ходил **в университет**, потом он занимался **в библиотеке**. Вечером он ходил **в кафе**, а потом был **на дискотеке**.
- Таня, ты ходила **на кинофестиваль**?
- Да, ходила. Я была **в кинотеатре** «Октябрь», смотрела английские и итальянские фильмы.
- Виктор, что ты делал вчера?
- Вчера я ходил **в театр.** Сейчас идёт прекрасный спектакль **в театре** «Современник» «Дядя Ваня» Чехова.
- Лена, где вы были в выходные дни?
- В выходные дни мы ездили **на дачу**. Мы ходили гулять **в лес**.
- А где вы были?
- Мы ездили **в Петербург.**

Задание 12. Посмотрите на карту России:
Найдите на карте города: Москва, Кострома, Сочи. Найдите реку Волга. Найдите Чёрное море. Где они находятся?

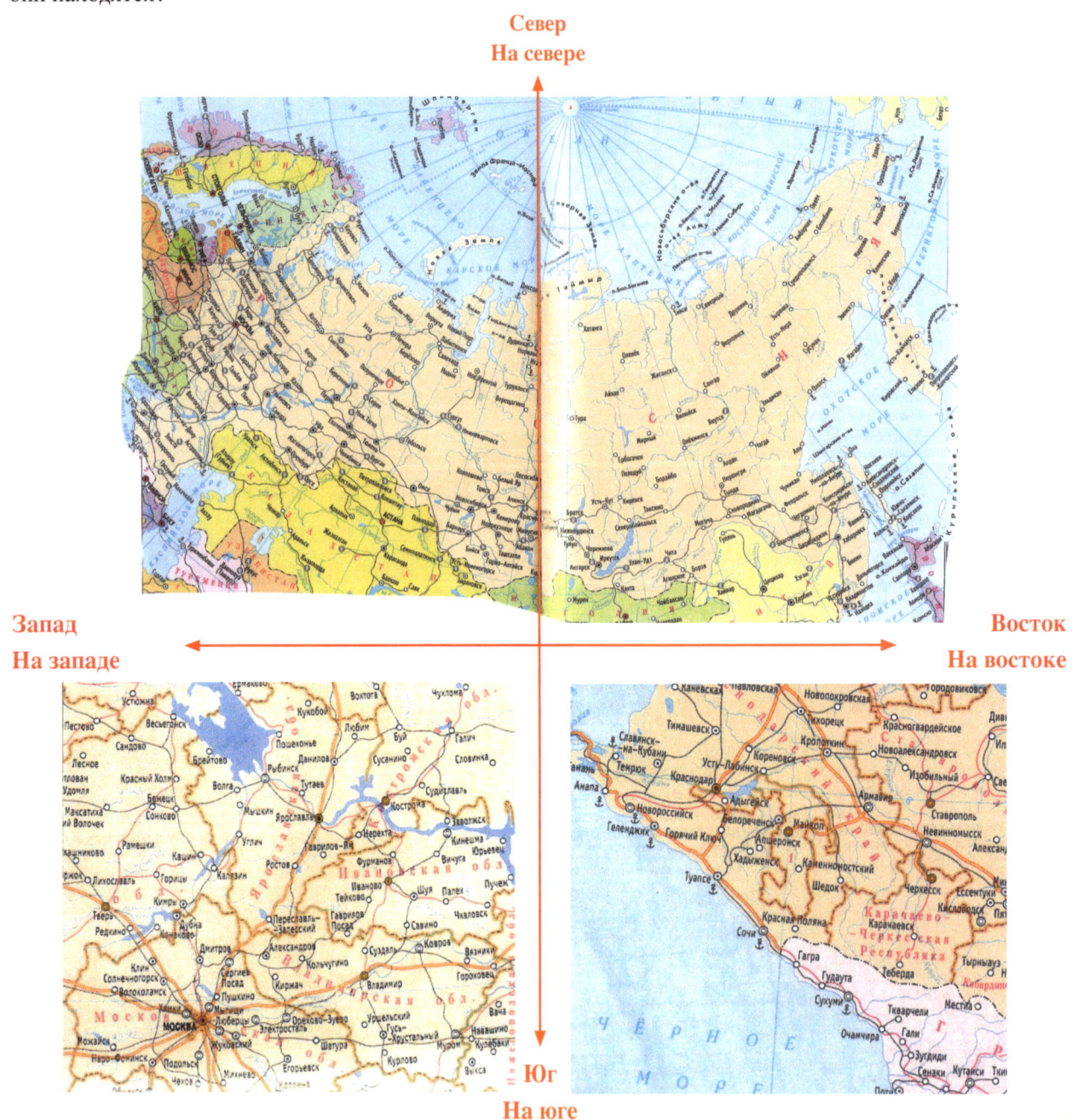

Задание 13. Читайте диалоги. Запомните слова:

- Ты уже был в Костроме?
- Да, я посетил этот город два года назад.

- Какие улицы в Москве?
- В Москве очень широкие улицы, но в центре есть старые узкие улицы.

- Какая была погода, когда вы отдыхали на море?
- Была прекрасная тёплая погода.

- Как вы ездили в Сочи?
- На самолёте. Это всего 2 часа.

- В Сочи вы жили в гостинице?
- Нет, мы ездили «дикарём».

- Какая природа на Кавказе?
- Там очень красивая природа: море, горы и леса.

Задание 14. Слушайте, что рассказывают Софи и Марина. Отвечайте на вопросы:

Р12. Софи была в Костроме

Р13. Марина была в Сочи

- Какой это город?
- Где находится этот город?
- Где она жила?
- Куда она ходила?
- Что она посетила?
- Где она купалась?

Задание 15. Распределите слова:

Уютный, синий, симпатичный, маленький, тёплый, гостеприимный, красивый, весёлый, старинный

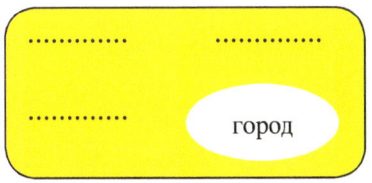 город

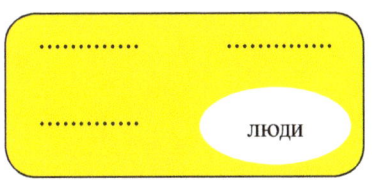 люди

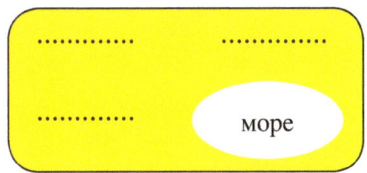 море

Задание 16. Работайте в группах. Каждая группа читает один текст на странице 14 и 65-66 и готовит презентацию города. Вы туристическое агентство. Ваши клиенты задают вопросы.

Задание 17. Работайте в парах. Задайте вопросы соседу:

а. Куда ты ездил летом? .... г. Что ты видел? ....
б. Какая это страна? .... д. Где ты жил? ....
в. Какой это город? .... е. Куда ты ходил? ....

Задание 18. Расскажите, куда ездил ваш сосед летом?

....
....
....
....
....

Что вы знаете о России?

«Золотое кольцо России» - это старинные русские города: Владимир, Суздаль, Кострома, Углич, Ростов Великий и другие. Там типичная русская архитектура, русские церкви, монастыри. Они находятся недалеко от Москвы, поэтому туда можно ехать на автобусе, на поезде или на машине. Туристические агентства организуют групповые и индивидуальные экскурсии в эти города.

УПРАЖНЕНИЯ

А. Пишите дни недели:

Первый день

Второй день

Третий день

Четвертый день

Пятый день

Шестой день

Седьмой день

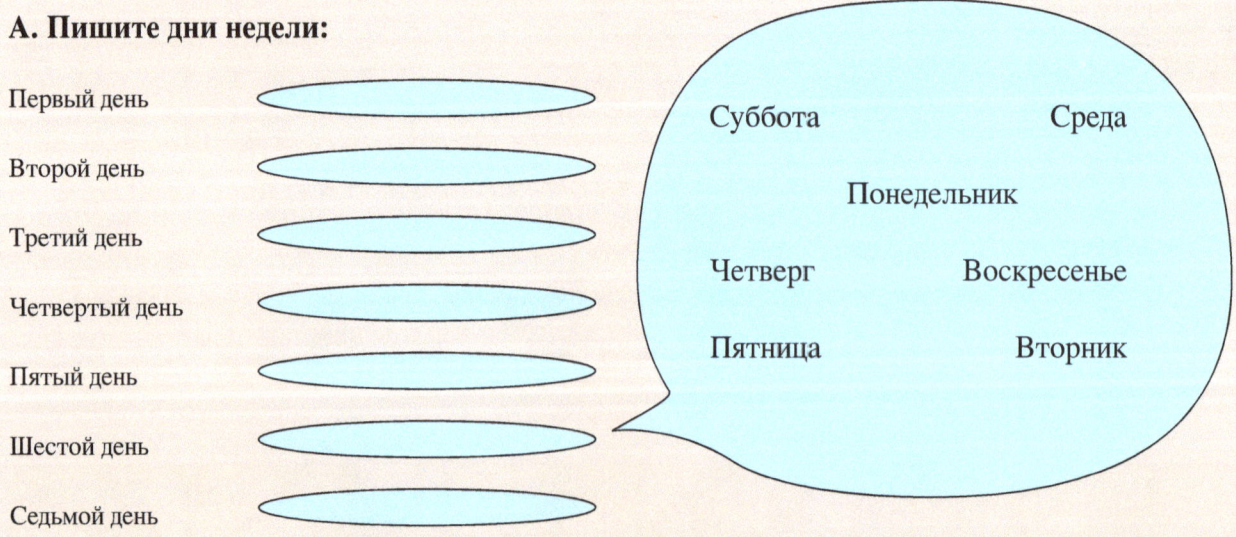

Суббота   Среда

Понедельник

Четверг   Воскресенье

Пятница   Вторник

Б. Пишите. Модель: Вчера мы были на море. Вчера мы ездили на море.

1. Летом мы были в России. Летом мы ....
2. Вчера мы были в театре. Вчера мы ....
3. В пятницу друзья были в ресторане. ....
4. В воскресенье туристы были в Кремле. ....
5. Месяц назад они были в Петербурге. ....
6. Летом мои друзья были в горах. ....

В. Пишите. Модель: Вчера мы ездили на дачу. Вчера мы были на даче.

1. В воскресенье мы ездили во Владимир. ....
2. В понедельник Виктор ходил на работу. ....
3. В пятницу Таня ходила в кино. ....
4. Российские инженеры ездили в Бельгию. ....
5. Туристы ходили на выставку. ....
6. Утром я ходила в магазин. ....

Г. Пишите слова: год, года, лет

1.............   4.............   6.............   22.............   30.............   25.............   70.............   81.............   77.............   27.............
59.............   64.............   48.............   93.............   53.............   65.............   3.............   97.............   102.............   33.............
25.............   72.............   69.............   41.............   87.............   98.............   100.............

Д. Пишите: час, неделя, год, минута. Читайте, работайте в парах: вопрос – ответ

1. Где ты был .... (1 час) назад? - .... назад я был в библиотеке.
2. Куда вы ездили ....(неделя) назад? - .... назад мы ездили во Владимир.
3. Где вы жили 15 .... (год/лет) назад? – 15 .... назад я жила в России.
4. Что Татьяна делала .... (2, час) назад? - .... назад она ходила в магазин.
5. Где ты была .... (5, минута) назад? - .... назад я была еще в буфете.

Е. Пишите вопросы (Куда? Где?) и ответы, читайте, работайте в парах:
Модель: Вчера мы ходили на выставку. Куда вы ходили? На выставку.

	Куда? Где?	Ответ
1. Вчера мы ездили на море.	....	....
2. В понедельник я был на работе	....	....
3. В пятницу вечером мы ходили в кино.	....	....
4. Летом Татьяна ездила в Турцию.	....	....
5. Утром Антон был в банке.	....	....
6. Вечером Сергей был в ресторане.	....	....
7. В субботу мы ходили в театр на оперу.	....	....

Ё. Пишите ответы, читайте, работайте в парах:

1. Где вы были? .... (театр)   Куда вы ходили? ....
2. Куда вы ездили летом? .... (горы)   Где вы были летом? ....
3. Где была Татьяна утром? .... (библиотека)   Куда Татьяна ходила? ....
4. Где ты был вчера? ...... (музей)   Куда ты ходил вчера? ....
5. Где вы были в воскресенье? .... (дача)   Куда вы ездили в воскресенье? ....
6. Куда Антон ходил вечером? .... (дискотека)   Где Антон был вечером? ....
7. Куда дедушка ходил гулять? .... (парк)   Где был дедушка? ....

УРОК № 3   ТРЕТИЙ УРОК

НАШИ ПЛАНЫ

- Что вы будете делать завтра?
- Завтра вечером я буду читать книгу и смотреть телевизор.

Завтра, послезавтра, потом, на будущей неделе

БУДУЩЕЕ ВРЕМЯ ➡ БЫТЬ + ИНФИНИТИВ

Я **буду** читать   Мы **будем** смотреть телевизор
Ты **будешь** играть в теннис   Вы **будете** слушать музыку
Он/Она **будет** делать упражнение   Они **будут** купаться в море

ИДТИ – ПОЙТИ   ЕХАТЬ – ПОЕХАТЬ

Завтра	Я пойду	Я поеду
Послезавтра	Ты пойдёшь	Ты поедешь
Потом	Он/Она пойдёт	Он/она поедет
На будущей неделе	Мы пойдём	Мы поедем
	Вы пойдёте	Вы поедете
	Они пойдут	Они поедут

 Р14. Задание 1. Слушайте, читайте, задавайте вопросы к выделенным словам:

- Завтра я пойду **в библиотеку** и **буду читать** русские журналы и газеты.
- В субботу мы поедем **на море, будем гулять** на пляже и купаться.
- В понедельник Антон поедет **в Петербург** и **будет работать** там одну неделю.
- В среду вечером мы пойдём **в кино смотреть** новый фильм.
- На будущей неделе наш сын пойдёт первый раз **в первый класс**.

Задание 2. Пишите глаголы в будущем времени:

Вчера мы ходили обедать в ресторан, а завтра
В субботу Татьяна ездила на море, а в воскресенье ....
Утром Игорь ходил на лекцию, а вечером
Год назад мы ездили в Россию, а на будущей неделе ....
Сегодня туристы ходили в музей, завтра они

Задание 3. Пишите глаголы ХОДИТЬ, ЕЗДИТЬ, БЫТЬ, ПОЙТИ, ПОЕХАТЬ:

1. Вчера я .... на завод, а сегодня я .... в институте. 2. Послезавтра я .... в Петербург, а неделю назад я .... в Новосибирск. 3. Я хотела .... на море, а мои дети хотели .... в лес. 4. Вчера мы .... в парке, сегодня мы .... в музей. 5. Ты уже .... на этот концерт? Нет, я .... завтра.

Задание 4. Работайте в парах: Спросите соседа, что он будет делать на будущей неделе. Скажите, что он будет делать в понедельник, во вторник…

Дни недели	Что будет делать ……………..
Понедельник	
Вторник	
Среда	
Четверг	
Пятница	
Суббота	
Воскресенье	

Задание 5. Слушайте и читайте диалоги. Составьте подобные:

 **Р15.**

- Что ты делаешь?
- Работаю. Отвечаю на письма.
- Уже 12 часов. Пойдём **в буфет!** Я хочу есть.
- Я тоже. Пойдём!

Р16.

- Что есть в меню? Есть **суп, салат, спагетти**.
- А! Есть **пицца**! Я буду **суп и пиццу**. Ты тоже?
- Нет. Я буду **салат и спагетти**.

 **Р17.**

- Ты будешь **на лекции**?
- Да. А ты?
- Я тоже буду.
- А Костя?
- Он тоже будет.

 **Р18.**

- Ты будешь завтра **на работе?**
- Нет, я буду **в аэропорту**. Я встречаю делегацию.

 **Р19.**

- Ты пойдёшь **на футбол?**
- Пойду, если у меня будет билет. А ты?
- Пойду. У меня уже есть билет.

Слова: ресторан, кафетерий, кафе, бутерброд, чай, кофе, борщ, бефстроганов, котлеты, бифштекс, конференция, семинар, собрание, встреча, институт, завод, фабрика, лаборатория, вокзал, гостиница, концерт, балет, спектакль, выставка.

> **Через час, день, недел*ю*, год, 2-4 год*а*, 5-20 лет**

- Что вы будете делать через неделю?
- Через неделю я буду отдыхать на море в Сочи.

- Что ты будешь делать через год?
- Через год я буду работать в фирме в Петербурге.

 Р20-Р23. Задание 6. Слушайте тексты. Ответьте на вопросы:

Р20. Текст 1
Что делает Максим Викторович сейчас?
Что он будет делать через год и почему?

Р21. Текст 2
Что делает Татьяна сейчас. Как она живёт?
Что будет делать Татьяна через год и почему?

Р22. Текст 3
Где работает Игорь? Кто он по профессии?
Куда он поедет через год и почему?

Р23. Текст 4
Кто Антон по профессии? Где он живёт?
Какие у него планы на будущий год и почему?

Задание 7. Читайте тексты на странице **66**. Работайте в группах. Задайте вопросы Максиму Викторовичу, Татьяне, Игорю, Антону:
Где они живут, что они делают, какие у них планы и почему…?

Задание 8. Выберите текст и расскажите его от имени героя. Другие ученики задают вопросы.

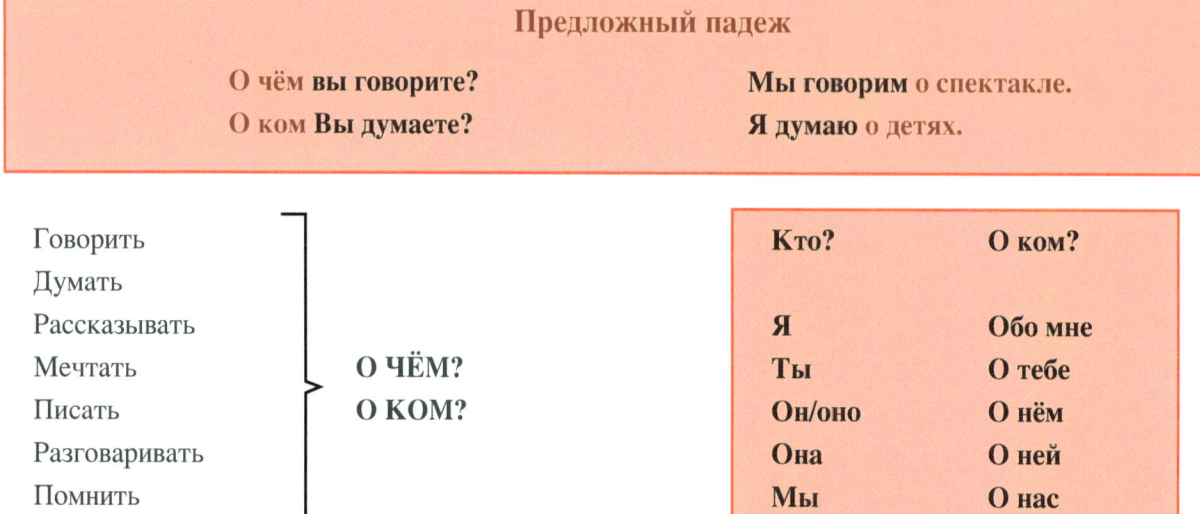

Предложный падеж	
О чём вы говорите?	Мы говорим о спектакле.
О ком Вы думаете?	Я думаю о детях.

Говорить
Думать
Рассказывать
Мечтать   О ЧЁМ?
Писать   О КОМ?
Разговаривать
Помнить
Вспоминать
Читать

Кто?	О ком?
Я	Обо мне
Ты	О тебе
Он/оно	О нём
Она	О ней
Мы	О нас
Вы	О вас
Они	О них

Задание 9. Пишите в правильной форме:

1. Вчера мы смотрели спектакль. О чём мы говорим? ……………………
2. Летом мы много путешествовали. О чём мы рассказываем? …………
3. Раньше Татьяна жила в России. О чём она думает? ………………..
4. У меня есть хороший друг во Франции. О ком я думаю? ……………
5. Этот актёр прекрасно играет. О ком мы говорим? ……………………

Задание 10. Пишите в правильной форме:

1. Моя подруга живёт в Новгороде. Я думаю о ………
2. Наши друзья сейчас в Париже. Мы говорим о ………
3. Ты наш хороший друг. Мы часто вспоминаем о ……
4. Виктор – прекрасный артист. В газетах пишут о ……
5. Мы давно тебя не видели. Ты помнишь о ……… ?
6. Утром я была в библиотеке. Директор спрашивал обо ……?
7. Таня, Андрей, привет! Как мы давно не встречались! Я думал о ……

Предложный падеж прилагательных
О каком фильме вы говорите?   Мы говорим о французском фильме.
О каком море ты мечтаешь?   Я мечтаю о тёплом море.
О какой поэтессе ты читаешь?   Я читаю о русской поэтессе.
О каких путешествиях ты рассказываешь? Я рассказываю об интересных путешествиях.

Предложный падеж прилагательных

Единственное число

	Именительный падеж	Предложный падеж	
М.Р. Ср.Р.	**Какой? Какое?** Этот/тот новый большой дом Это/то второе высокое здание	**в/на/о каком?** В этом/том новом большом доме Об этом/том втором высоком здании	**-ом**
	Хороший друг Горячий чай Синий костюм Синее море	**После Ж, Ш, Щ, Ч,** когда флексия без ударения, и после мягких согласных О хорошем друге В горячем чае О синем костюме На синем море	**-ем**
Ж.Р.	**Какая?** Эта/та первая русская книга	**в/на/о какой?** В этой/той первой русской книге	**-ой**
	Хорошая подруга Горячая вода Синяя блузка	**После Ж, Ш, Щ, Ч,** когда флексия без ударения, и после мягких согласных О хорошей подруге В горячей воде В синей блузке	**-ей**

Множественное число

	Какие?	**в/на/о каких?**	

М.Р.
Ср.р.
Ж.р.
	Эти/те первые новые дома
	                здания
	                книги
		Об этих/тех первых новых домах
		                зданиях
		                книгах
			-ых

	Хорошие русские друзья Коммерческие дела Синие блузки	**После К, Г, Х, Ж, Ш, Щ, Ч** и после мягких согласных О хороших русских друзьях О коммерческих делах О синих блузках	**-их**

Р24. Задание 11. Слушайте и читайте, подчеркните предложный падеж. Поставьте вопросы к подчёркнутым словам:

Где живёт твой друг? - Мой друг живёт в России, в большой и интересной стране.
В каком городе он живёт? – Он живёт в небольшом городе на севере.
О чём он пишет в письмах? – Он пишет о холодном климате и трудной жизни.
О чём он мечтает? – Он мечтает о тёплом море, высоких горах и хорошем красном вине.
О ком он думает? – Он думает о друзьях в Москве. Он думает, что у них лёгкая и красивая жизнь.
А что думают его друзья? – Они думают, что их друг хороший бизнесмен и что у него прекрасная жизнь на севере.

Поговорка: «Там хорошо, где нас нет.» Вы согласны?

Задание 12. Читайте текст и пишите окончания:

О чём любят говорить женщины? Ну, конечно, о красив............ мужчин............, о красив......... дом.......... и о красив............ жизн...............
А мужчины? Ну, конечно, о красив............ женщин............, о хорош............ вин............, о международн............ политик............ и о трудн............ работ...............

Иван Петрович – экономист. Утром, когда он завтракает, он любит читать газеты. Он читает обо всём: об экономическ............ проблем............, о финансов............ кризис............, о цен............ на нефть, о нов............ автомобил............ и, конечно, о спорт...............

Его жена Татьяна Петровна – оптимистичная женщина. Она не любит думать о проблем............... Утром, когда она завтракает, она любит говорить обо всём: о план............ на день, в какой магазин она пойдёт, какой ужин она будет готовить.
Иван Петрович очень любит свою жену, но утром он её не слушает. Он думает о важн............ дел............ на работ..............

Их дочь Татьяна – студентка. О чём она мечтает? Ну, конечно, о прекрасн............ принц............, о романтичн............ любв............, о хорош............ семь............, о дет............ и об интересн............, но не очень трудн............ работ............ Она любит читать об известн............ актёр............, о космети............ и о нов............ тенденци............ в мод...............

Их сын Константин любит смотреть передачи о жизн...... в друг......... стран......... и читать статьи о рок-музыкант...... Он мечтает о нов....... компьютер.... и о мобильн.... телефон.....

Их бабушка говорит, что современная молодёжь не думает о серьёзн............ вещ............, а мечтает только о лёгк............ жизн............. Она вспоминает о молодёж............ 50 лет назад, когда все думали о работ............ и о семь...............

Задание 13. Отвечайте:

О каких мужчинах любят разговаривать женщины? …………………………………………………
О какой жизни любят разговаривать женщины? ……………………………………………………..
О каких проблемах любят читать мужчины? ………………………………………………………….
О каких делах любят думать мужчины? ……………………………………………………………
О каких актёрах любят читать студентки? …………………………………………………………….
О каком компьютере мечтают мальчики? ……………………………………………………………..
Как думает бабушка, о какой жизни мечтает современная молодёжь? …………………

Задание 14. Пишите:

О чём Вы любите разговаривать?

О чём Вы любите читать?

О чём Вы мечтаете?

Задание 15. Как вы думаете, о чём мечтает ваш сосед и что он будет делать через 5 лет?

Что вы знаете о России?

Россия находится в Европе и Азии. Уральские горы разделяют Россию на Европу и Азию. Москва – столица России. Второй город России – Санкт-Петербург.

УПРАЖНЕНИЯ:

А. Поставьте фразы в будущем времени:
1. Я читаю книгу. ....
2. Антон пишет статью. ....
3. Они живут в России. ....
4. Я жду тебя пять минут. ....
5. Саша изучает испанский язык. ....

Б. Поставьте фразы в будущем времени. Используйте слова: завтра, послезавтра, потом, на будущей неделе:
1. Сегодня мы идём в кино. ....
2. Утром я еду на дачу. ....
3. Вы идёте на пляж? ....
4. Ты идёшь на конференцию? ....
5. Татьяна едет отдыхать на море. ....
6. Днём Виктор идёт покупать компьютер. ....
7. Они едут в Англию изучать английский язык. ....

В. Пишите: ходить-идти-пойти/ездить-ехать-поехать
1. Вчера Татьяна .... на дачу. Сейчас Татьяна .... на дачу. Завтра Татьяна .... на дачу.
2. Вчера Антон .... в библиотеку. Сейчас Антон .... в библиотеку. Завтра Антон .... в библиотеку.
3. Вчера мы .... в театр. Сегодня мы .... в театр. Завтра мы .... в театр.
4. Вчера ты .... на занятия? Сегодня ты .... на занятия? Завтра ты .... на занятия?
5. Вчера они .... на работу. Сейчас они .... на работу. Завтра они .... на работу.
6. Летом Марта .... в Москву. Сегодня Марта .... в Москву. Завтра Марта .... в Москву.

Г. Напишите текст в будущем времени:
Виктор учится в институте в Москве и изучает математику и физику. Утром в понедельник он ходил в институт и слушал лекции, потом днём занимался в библиотеке. Во вторник он весь день был в институте, потому что должен был заниматься в лаборатории. В среду он не ходил в институт, он занимался утром дома. Днём он ходил в магазин и купил новый компьютер. А вечером он ходил на курсы, потому что он изучает английский язык.
Виктор, как практически все студенты, немного работает. Он работает в редакции «Экономист». В четверг он ходил работать в редакцию. А вечером был в баре и пил пиво. В пятницу он весь день был в институте, а потом ночью на дискотеке. В субботу утром он долго спал, а потом звонил в Петербург и долго разговаривал. Вечером он ходил в кино. В воскресенье он ходил на стадион играть в футбол, а потом ничего не делал, отдыхал дома.

Виктор учится в институте. Утром в понедельник он .... в институт и .... лекции, потом днём .... в библиотеке. Во вторник он весь день .... в институте, потому что должен .... заниматься в лаборатории. В среду он не .... в институт, он .... утром дома. Днём он .... в магазин и купит новый компьютер. А вечером он .... на курсы, потому что он изучает английский язык.
В четверг он .... работать в редакцию. А вечером .... пиво в баре. В пятницу он весь день .... в институте, а потом ночью на дискотеке. В субботу утром он .... долго ...., а потом .... в Петербург и долго .... Вечером он .... в кино. В воскресенье он .... на стадион играть в футбол, а потом ничего не .... , ... дома.

Д. Пишите: «назад» или «через»:
1. Два года ………… Андрей работал во Франции. 2. ……….. год он поедет работать в Италию. 3. …….. час я буду дома. 4. Я тебе звонила 2 часа …….. .
5. Неделю ………. мы ещё были в Петербурге. 6. Я поеду на вокзал ……. 2 часа.

Е. Пишите: в, на, о
1. Мой друг учится …. университете …. историческом факультете. 2. Что вы знаете ….. России? 3. ….. каком городе вы живёте? 4. ….. каком этаже вы живёте? 5. Вы смотрели русский фильм. ….. чём этот фильм? 6. Что вы делаете ….. уроке? 7. ….. какой выставке вы были? 8. …. какой книге вы рассказываете? 9. Я не знаю, …. ком вы говорите.

Ё. Поставьте вопросы к прилагательным:

	Вопрос	Ответ
1. Вчера мы были в историческом музее	………………………	…………………
2. Мы говорим о французской актрисе.	………………………	…………………
3. Все говорят о финансовом кризисе.	………………………	…………………
4. Виктор рассказывает об интересном путешествии	………………………	…………………
5. В русских газетах много пишут об экономике.	………………………	…………………
6. В прошлом году мы ездили в Турцию.	………………………	…………………

Ж. Пишите слова в правильной форме:
1. В каком городе вы живёте?   (большой, красивый, современный)
………………………………………………………………………………………
2. О каких книгах вы разговариваете? (русские, французские, новые, любимые)
………………………………………………………………………………………
3. На какой выставке вы были? (итальянская, историческая, необычная, интересная)
………………………………………………………………………………………
4. О каком друге вы говорите? (старый, новый, молодой, симпатичный)
………………………………………………………………………………………

З. Поставьте вопросы ко всем словам в предложении и пишите ответы:
Утром Иван Петрович читает статьи об экономических проблемах.

	Ответ
1. ……………………………………	………………………
2. ……………………………………	………………………
3. ……………………………………	………………………
4. ……………………………………	………………………
5. ……………………………………	………………………
6. ……………………………………	………………………

Их друзья рассказывают о современных художниках.
1. ……………………………………   ………………………
2. ……………………………………   ………………………
3. ……………………………………   ………………………
4. ……………………………………   ………………………
5. ……………………………………   ………………………

Р25. И. Слушайте и отвечайте на вопросы. Читайте вопросы на странице 66:
Модель: - О какой подруге вы говорите? – Мы говорим о новой подруге.

1. ………………………………………… 2. ………………………………………… 3. ………………………………………… 4. ………………………………………… 5. …………………………………………	**Слова:** экономический, финансовый, политический, умный, красивый, симпатичный, большой, современный, старый, новый, весёлый, лёгкий, важный, трудный, интересный

УРОК № 4 — ЧЕТВЁРТЫЙ УРОК

ПОВТОРЕНИЕ

А. Пишите правильную форму:

Сейчас 10 час….. 31 минут…..   Сейчас 18 час…. 12 минут….
Сейчас 03 час… 04 минут….   Сейчас 01 час…. 01 минут…..
Сейчас 22 час… 40 минут…   Сейчас 19 час…. 02 минут….

Б. Отвечайте на вопросы:

Когда открываются магазины в Москве? ……………………..	**А.** В 8 час. 30 мин.
Сколько времени ты делал этот документ? …………………	**Б.** 8 час. 30 мин.
Когда начинается твой рабочий день? ………………………	
Скажите, пожалуйста, сколько сейчас времени? …………..	
Когда мы встречаемся? …………….	

В. Отвечайте:

В какие дни недели Вы отдыхаете?

В какие дни недели Вы работаете?

Г. Отвечайте: полтора часа/ полчаса

30 минут =

1час 30 минут =

Д. Отвечайте:

Я читала книгу ……………………………	А. Полчаса
Когда мы встречаемся? …………………………	Б. Полтора часа
Сколько времени продолжается фильм? …………………	В. 1час 30 минут

Е. Пишите правильную форму: день, неделя, месяц, год

Виктор уже 12 …… работает в фирме. Он учился в московском физическом институте 5 …… . 3 ……………….. он жил в Лондоне и изучал английский язык. В Москве он занимается на курсах английского языка 2 …………… в неделю. Через …………… он поедет отдыхать на море.

Ё. Ходить – идти – пойти:

1. Вчера я ……………….. в кино. Завтра я ………………… в театр.
2. Сейчас Антон …………………. в магазин покупать новый компьютер.

Ездить – ехать – поехать:

1. Куда вы ………………… в прошлом году?
2. Куда вы …………………….. на будущий год?
3. Сегодня погода тёплая, поэтому Марина ……………… на работу на велосипеде.

Ж. Поставьте: в / на / о

Вчера мы ходили ….. театр … балет. …. этом балете нам уже рассказывал наш друг. Он танцует …. втором акте. Потом мы были …. ресторане и разговаривали ….. балете и …… друге.

З. Пишите:

………………… ты делал этот перевод?	А. Во сколько часов
…………………………… начинается передача?	Б. Который час
Скажите, пожалуйста, …………………………?	В. Сколько времени
…………………………. продолжаются каникулы?	Г. Сколько часов

И. Пишите: назад/через

- Что вы будете делать …………… 5 лет?
- 4 года …………… я жил в Москве.

К. Прилагательные - пишите правильную форму вопроса и ответа (именительный/ предложный):

Большой и красивый
1. …………….. это дом? ……………………………
2. …………….. доме вы живёте? ………………………

Интересный, исторический
1. …………….. книге вы читали эту информацию? ………………………………………………………
2. ………………. это книга? …………………………….

Московский туристический
1. ………………. это агентство? ………………………………………………………………………
2. ………………. агентстве вы покупали билет в Бельгию? …………………………………………

Центральные
1. …………. кинотеатрах идёт этот фильм? ……………….
2. ………………. театры показывают этот спектакль? ……………………………..

Молодой, известный
1. Это ……………..., но уже ……………………… актёр.
2. Мы разговариваем ……………………………… актёре.

Л. Пишите правильный глагол:

Когда ……………… магазины в Москве?	Продолжаться
Спектакль ……………… в 22 часа.	Закрываться
Сколько времени ………………….. фильм?	Начинаться
Во сколько часов ……………… передача по радио?	Кончаться
Библиотека ……………… в 20 часов.	Открываться

М. Что Вы знаете о России?

1. На каких континентах находится Россия? …………………………………………
2. Какая столица России? ………………………………………………………………
3. Какой второй город России? ………………………………………………………
4. Какой город находится на берегу реки Волга? ……………………………………
5. Какой город находится на Чёрном море? …………………………………………
6. Какой климат на берегу Чёрного моря? …………………………………………
7. Какая природа на Кавказе? ………………………………………………………
8. Какой город Москва? ………………………………………………………………
9. Что вы знаете о городах: Владимир, Кострома, Сочи? …………………………

УРОК № 5 — ПЯТЫЙ УРОК

ЧТО СЛУЧИЛОСЬ?

- Танечка, Вы уже всё приготовили для встречи делегации?
- Да, Иван Петрович, почти всё. Нужно ещё заказать ресторан на четверг.
- Сегодня уже среда… Это нужно было сделать ещё вчера!
- Да, всё надо делать срочно…

ВИДОВЫЕ ПАРЫ ГЛАГОЛОВ:

Несовершенный вид	Совершенный вид	Несовершенный вид	Совершенный вид
Делать	Сделать	Встречать	Встретить
Есть	Съесть	Отвечать	Ответить
Пить	Выпить	Спрашивать	Спросить
Готовить	Приготовить	Забывать	Забыть
Читать	Прочитать	Вставать	Встать
Писать	Написать	Опаздывать	Опоздать
Звонить	Позвонить	Показывать	Показать
Завтракать	Позавтракать	Рассказывать	Рассказать
Обедать	Пообедать Поужинать	Заказывать	Заказать
Ужинать	Подумать	Понимать	Понять
Думать	Потерять	Давать	Дать
Терять	Поискать	Покупать	Купить
Искать	Посмотреть	Находить	Найти
Смотреть		Брать	Взять
		Говорить	Сказать

Задание 1. Слушайте, читайте, подчеркните глаголы несовершенного вида одной чертой и совершенного вида двумя чертами:

Р26.
- Что вы делали сегодня утром на работе?
- Сегодня утром я много работал, потому что у нас завтра конференция: читал документы, писал факсы, звонил в Москву, готовил информационные материалы.
- Вы всё приготовили?
- Да, почти всё. Я только не написал один документ. Напишу его завтра.

Р27.
- Виктор, ты уже прочитал книгу?
- Ещё нет. У меня нет времени читать каждый день.
- Когда ты прочитаешь её?
- Я думаю, что прочитаю её в воскресенье.

Р28. Сегодня Антон опаздывает на работу, поэтому он дома не позавтракал. Он выпил воду и съел бутерброд в машине.

Р29.
- Ирочка, ты не забыла, что мы идём сегодня в гости?
- Ой, я совсем забыла….
- Странно, обычно ты такие вещи не забываешь…

Р30. Когда мы ужинаем, мы никогда не смотрим телевизор, мы разговариваем.

Р31.
- Надя, Вы написали письмо?
- Нет, не написала, потому что мой компьютер не работает.

Р32.
- Иван Петрович, Вы уже заказали билеты на поезд?
- Нет, я ещё не заказывал. Сейчас закажу.

ВИДЫ ГЛАГОЛА

	НЕСОВЕРШЕННЫЙ ВИД		СОВЕРШЕННЫЙ ВИД	
1.	КОНСТАТАЦИЯ ФАКТА	- Что ты делал вчера? - Я смотрел телевизор, читал книгу и слушал музыку.		
2.	ПРОДОЛЖИТЕЛЬНОСТЬ ДЕЙСТВИЯ <u>Слова</u>: долго, недолго, весь день, весь год, 5 минут и т.д.	- Сколько времени ты читал книгу? - Я читал книгу два часа.	РЕЗУЛЬТАТ	- Ты прочитал книгу? - Да, я её прочитал вчера.
3.	ПОВТОРЯЮЩЕЕСЯ ДЕЙСТВИЕ <u>Слова</u>: обычно, всегда, никогда, часто, редко, каждый день, каждый год и т.д.	Антон часто опаздывает на занятия.	ЕДИНИЧНОЕ ДЕЙСТВИЕ	Сегодня Антон не опоздал на занятия.
4.	ОДНОВРЕМЕННЫЕ ДЕЙСТВИЯ	Когда я ужинаю, я смотрю телевизор. Я работаю и слушаю музыку.	ПОСЛЕДОВАТЕЛЬНЫЕ ДЕЙСТВИЯ	Сначала Татьяна пообедала, потом начала делать перевод.
5.	ОТРИЦАНИЕ ДЕЙСТВИЯ	Вчера я не писал письмо. Вчера я не смотрел телевизор, когда я ужинал.	ОТРИЦАНИЕ РЕЗУЛЬТАТА ДЕЙСТВИЯ	Я не написала письмо, потому что позвонила моя подруга и мы долго разговаривали по телефону.

Задание 2. Объясните употребление глаголов в задании 1.

Задание 3. Ответьте на вопросы. Работайте в парах:
Модель: Таня, почему ты не делаешь упражнение? Я уже сделала его.

1. Антон, почему ты не читаешь книгу?
2. Саша, почему ты не звонишь в Москву?
3. Почему вы не ужинаете?
4. Почему ты не пишешь письмо?
5. Почему ты не встречаешь сестру?
6. Почему Виктор не покупает словарь?
7. Почему ты не отвечаешь на письма?
8. Почему вы не заказываете гостиницу?
9. Почему ты не показываешь фотографии?
10. Почему ты не готовишь документы?

Глаголы: совершенный вид – будущее время

Настоящее / Будущее время	Настоящее / Будущее время
Терять / Потерять Я теряю / Я потеряю Ты теряешь / Ты потеряешь Они теряют / Они потеряют	**Искать / Поискать** Я ищу / Я поищу Ты ищешь / Ты поищешь Они ищут / Они поищут
Находить / Найти Я нахожу / Я найду Ты находишь / Ты найдёшь Они находят / Они найдут	**Брать / Взять** Я беру / Я возьму Ты берёшь / Ты возьмёшь Они берут / Они возьмут
Давать / Дать Я даю / Я дам Ты даёшь / Ты дашь Он даёт / Он даст Мы даём / Мы дадим Вы даёте / Вы дадите Они дают / Они дадут	**Забывать / Забыть** Я забываю / Я забуду Ты забываешь / Ты забудешь Они забывают / Они забудут

Рассказывать / Рассказать — Я рассказываю — Я расскажу
Показывать / Показать — Ты рассказываешь — Ты расскажешь
Заказывать / Заказать — Они рассказывают — Они расскажут

Задание 4. Пишите фразы в будущем времени:

Я прочитал книгу.
Виктор написал письмо.
Антон взял книгу в библиотеке.
Адвокат дал хороший совет.
Я не забыла, что Вы сказали.
Татьяна не нашла документ в шкафу.
Катя потеряла портфель.
Мы показали фотографии.
Я поискал адрес друга.
Я не забыла взять учебник на занятия.

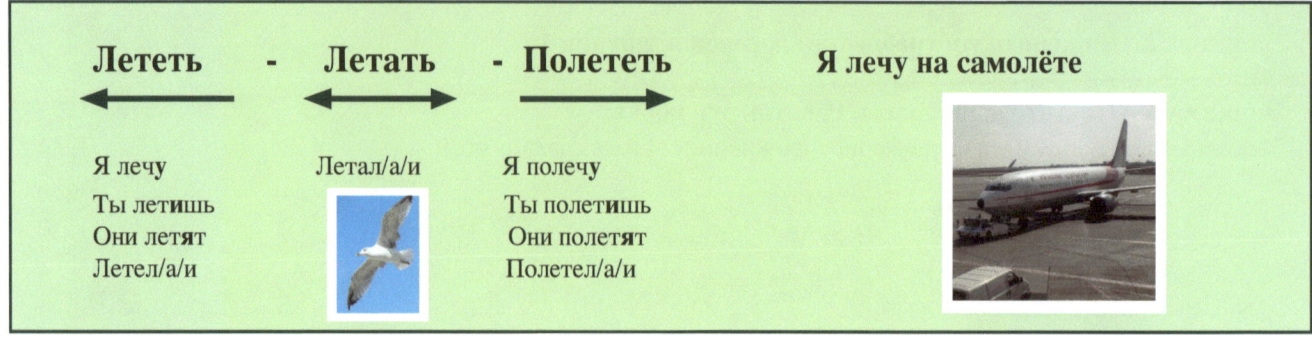

Лететь	-	Летать	-	Полететь	Я лечу на самолёте
Я лечу		Летал/а/и		Я полечу	
Ты летишь				Ты полетишь	
Они летят				Они полетят	
Летел/а/и				Полетел/а/и	

Задание 5. Читайте текст:

«Необыкновенная история»	Необыкновенный
Татьяна – переводчик. Она прекрасно знает два языка: английский и французский. Она была уже почти во всех европейских странах. Она умная и серьёзная девушка. Последний раз она сопровождала российскую делегацию в Брюссель и там случилась необыкновенная история….	Сопровождать/сопроводить Случаться/случиться
Глава делегации: - Татьяна! Что случилось? Мы Вас потеряли! Где Вы были? Я Вас искал!!!	Глава делегации
Татьяна: - Не волнуйтесь! Всё прекрасно! Я влюблена!	Не волнуйтесь
Глава делегации: - Танечка, Вы здесь должны работать, а не любить!!!	Влюблён/а/ы
Татьяна: - Ну что делать! Романтичная русская душа!	Душа
Глава делегации: - Как это случилось?	
Татьяна рассказывает историю: - Помните наш первый вечер в Брюсселе…? Гостиница «Конрад»… Коктейль…. Шампанское…. Бизнесмены, депутаты, послы, актёры, знаменитые люди….	
Глава делегации: - Да, конечно, мы пили шампанское и говорили о делах, о планах…	
Татьяна: - Да, да, сначала я тоже говорила о серьёзных делах. Но был один очень приятный бизнесмен. Он не говорил ни по-русски, ни по-английски. И вдруг… «*Я помню чудное мгновенье, Передо мной явилась ты…*» Он знает Пушкина…! И я потеряла голову….	Вдруг
Глава делегации: - Но, Таня, это несерьёзно… Вы должны работать, переводить…! Интересно…, и что было дальше?	Голова
Татьяна: - Он сказал: «Летим в Милан!» - Я спросила: «Сейчас?» - Он ответил: «Да, сейчас!» Он позвонил в аэропорт и заказал билеты на самолёт… Потом он позвонил в Милан и заказал гостиницу… Он заказал такси… Через час мы были в аэропорту и полетели в Милан на самолёте… Я никогда раньше не была в Милане… Мы гуляли, посетили музеи…	
Глава делегации: - А когда вы прилетели в Брюссель?	
Татьяна: - Я прилетела вчера вечером.	Прилететь
Глава делегации: - Да… Романтичная история…. Хорошо, что у нас есть шенгенская виза…..	

Задание 6. В тексте подчеркните глаголы несовершенного вида одной чертой, совершенного вида двумя чертами. Объясните употребление глаголов. Читайте текст по ролям.

Задание 7. Вы хотите поехать в Россию. Что нужно сделать, как и где?

1. Нужно …… Где? ……………
2. Нужно …… Где? ……………
3. Нужно …… Как? ……………
4. Нужно …… Как? ……………

| заказать получить сделать купить | приглашение виза гостиница билет | консульство фирма Россия турагентство интернет |

Задание 8. Соедините фразы, читайте, работайте в парах:

Мой брат не получил моё письмо.
Я забыл позвонить в Москву.
Я забыл заказать гостиницу.
Мы опоздали на самолёт.
Я не купил пиццу на ужин.
Я не могу найти документ.

Закажешь завтра.
Твоя жена всё купит.
Полетите на следующем рейсе.
Найдёшь потом.
Позвонишь завтра.
Напишешь новое.

Задание 9. Составьте диалоги - употребляйте фразы из задания 8:

- Антон, что случилось? Почему ты такой грустный?
- *Я потерял паспорт.*
- Не волнуйся! *Сделаешь новый.*

Задание 10. Читайте текст. Проанализируйте употребление глаголов. Смотрите новые слова в словаре:

«Неприятная история»

Мы прилетели в Петербург, в аэропорт Пулково. В зале, где паспортный контроль, нужно **заполнить** анкету, потом нужно идти на паспортный контроль. Так… На паспортном контроле **всё в порядке**. Мы идём в зал получать багаж.
Вот табло: Рейс AF-424. Это здесь! Это наш рейс! Мы ждём наш багаж, долго ждём… Едут разные **чемоданы**, **сумки**…, но не наши. Ждём уже час. Ничего не понимаем. Другие пассажиры уже получили багаж.
- Идём в «**Розыск** багажа»! - сказала я.
- Куда? Что это такое? - спрашивает мой коллега. Он совсем не говорит по-русски.
- Не волнуйтесь, - отвечаю я. В «Розыске багажа» регистрируют потерянный багаж.
- Мы не получили наш багаж. – сказали мы.
Работник в «Розыске багажа» ответил:
- Поищите там, слева!
Слева в углу много чемоданов. Мы поискали, но не нашли. Нет, наших чемоданов там нет.
- Тогда заполните этот формуляр. Напишите, какой чемодан и что в нём.
- Как я буду заполнять формуляр? Я не умею писать по-русски! – сказал мой коллега.
- Не волнуйтесь! Формуляр есть на английском языке.
- Какой ваш адрес в Петербурге? – спросил работник «Розыска багажа».
- Проблема в том, что мы не будем в Петербурге. Мы сейчас поедем в Новгород, а через три дня полетим в Москву.
- Ничего. Какой ваш телефон? Мы будем искать ваш багаж. Когда найдём, мы вам позвоним.
- А когда вы найдёте наш багаж?
- Через два дня.
Через два дня наш багаж был в аэропорту. Мы были очень рады.

Задание 11. Найдите однокоренные слова в тексте:

Лететь □   Паспорт □

Работа □   Потерять □

Розыск □

⊙ **Р33. Задание 12.** Слушайте и отвечайте на вопросы в будущем времени, пишите вопросы и ответы. Проверяйте на странице 67:

Модель: - Ты уже получил визу? - Нет, получу завтра.

Слова: завтра, послезавтра, потом, через час, во вторник, утром, вечером, на следующей неделе, в среду, через неделю, сейчас …

- .... ?
- .... ?
- .... ?
- .... ?
- .... ?
- .... ?
- .... ?
- .... ?
- .... ?

📖 **Поговорка:** «Не откладывай на завтра то, что можно сделать сегодня!»

Вы согласны?

Задание 13. Составьте словосочетания:

Заполнять/Заполнить

Заказывать/Заказать

Получать/Получить

Делать/Сделать

Виза билет декларация ресторан факс паспорт формуляр гостиница приглашение анкета такси документы

Задание 14. Скажите, что надо делать:

Анкета Декларация Регистрация авиабилетов и багажа Паспортный контроль Розыск багажа

Вы в аэропорту.

- Где надо регистрировать билет и багаж?
- Где проверяют паспорт?
- Вы прилетели в Москву. Что надо заполнить?
- Вы не нашли багаж. Что надо делать?

Задание 15. Слушайте, скажите, где происходит диалог, заполните пропуски и читайте по ролям:

В самолёте   **На регистрации билетов и багажа**   **На паспортном контроле**

◉ Р34. ………………………………………

- Ваш паспорт, пожалуйста…
- ……………...
- Вы заполнили анкету?
- ……………
- Всё в порядке. Спасибо.
- ……………………………

◉ Р35. ………………………………………

- ………………………………………………..
- Здравствуйте, вот, пожалуйста, билет и паспорт.
- …………………………..?
- Да, один чемодан и сумка.
- …………………………..?
- Да, я возьму её в салон самолёта.
- Хорошо. Счастливого пути!
- Спасибо. До свидания.

◉ Р36. ………………………………………

- Добрый вечер. Что будете пить?
- ……………………………?
- Есть минеральная вода, томатный и апельсиновый соки, красное и белое вино.
- ……………………………………
- Что будете есть? Мясо или рыбу?
- ……………………………..
- Пожалуйста. Потом будет кофе или чай.
- …………..

мясо   рыба

Задание 16. Слушайте и заполняйте пропуски:

◉ **Р37. Действие 1. Коктейль в гостинице «Конрад»**

Бизнесмен: - Здравствуйте!
Татьяна: - Здравствуйте. Татьяна.
Безнесмен: - ………………………. Брюно Равиолетти. Я думаю, что Вы ……………
Татьяна: - …………………, почему Вы так думаете?
Бизнесмен: - Вы очень хорошо ………………… по-русски и по-французски…
Татьяна: - Да, я………………… Я ……………………… российскую делегацию. Мы …………… европейский…………… Мы хотим …………………… в Европу русские и сибирские пельмени.
Бизнесмен: - Что Вы говорите! Как интересно! А у меня есть завод, где мы ………………………… итальянские равиоли. Хотите……………………?
Татьяна: - Итальянские равиоли – это как русские пельмени!

◉ **Р38. Действие 2. По секрету**

Татьяна: - Вы ……………………………………… русский язык!?
Бизнесмен: - Нет, я не ……………………………. ни по-русски, ни по-английски. НО...
            «Я помню чудное мгновенье
             Передо мной явилась ты
Татьяна: - Как мимолётное виденье
             Как гений чистой красоты…»
             Вы знаете Пушкина?
Бизнесмен: - Немного. Это ……………………… поэт. Романтичная русская душа! Таня, у Вас тоже романтичная душа! ………………………… в Милан! Я …………………………. Вам свой завод, мы ……………………… равиоли, ……………………. красивые витрины………………………
Татьяна: - Сейчас? А виза?
Бизнесмен: - У Вас есть виза. У вас шенгенская виза.
Татьяна: - А билеты на самолёт, гостиница?
Бизнесмен: - Нет проблем. Я всё сейчас…………………………. ! Наш рейс в Милан в 20:00. Мы ……………………… в аэропорту в 19:00.

Действие 3. Какой конец истории?

35

УПРАЖНЕНИЯ

А. Пишите пары глаголов:

Готовить	....	Искать	....
Читать	....	Говорить	....
Отвечать	....	Понимать	....
Звонить	....	Писать	....
Спрашивать	....	Показывать	....
Вставать	....	Завтракать	....
Пить	....	Обедать	....
Брать	....	Покупать	....
Опаздывать	....	Есть	....
Давать	....	Думать	....
Забывать	....	Ужинать	....
Встречать	....	Находить	....
Терять	....	Заказывать	....

Б. Пишите глаголы в настоящем или прошедшем времени. Объясните ваш выбор:

1. Что ты .... вчера? (делать/сделать) – Я .... книгу и .... телевизор. (читать/прочитать; смотреть/посмотреть)
2. Ты долго .... книгу? - Я .... её 2 часа. (читать/прочитать)
3. Ты .... всю книгу? – Да, я .... всю книгу. (читать/прочитать)
4. Обычно Саша утром .... 2 бутерброда и .... кофе. Сегодня он .... 3 бутерброда и .... 2 чашки кофе. (есть/съесть; пить/выпить)
5. Когда мы ...., мы никогда не .... телевизор. (ужинать/поужинать; смотреть/посмотреть)
6. Сначала мы .... текст, потом .... упражнения. (читать/прочитать; делать/сделать)
7. Ты .... вчера телевизор? – Нет, я не .... телевизор вчера. (смотреть/посмотреть)
8. Ты .... все документы? – Нет, я .... только один документ. (готовить/приготовить)

В. Поставьте нужный глагол в настоящем или прошедшем времени:

1. Марина быстро .... большой роман, потому что она .... его каждый день. (читать/прочитать)
2. Виктор никогда ничего не .... Но сегодня он ...., что у него собрание. (забывать/забыть)
3. Каждый день Сергей .... в 7 часов, но сегодня он .... в 5 часов, потому что должен ехать в аэропорт встречать делегацию. (вставать/встать)
4. Когда я ...., я смотрел телевизор. Я .... и начал делать упражнения. (ужинать/поужинать)
5. Обычно я хорошо .... по-французски, но сейчас я ничего не .... (понимать/понять)
6. Я никогда не .... письма вечером, но сегодня я .... два письма. (писать/написать)
7. Я всегда .... на занятия словарь. Но сегодня я не .... (брать/взять)
8. Каждое утро он .... две газеты, но сегодня он .... одну. (читать/прочитать)
9. Он всегда .... газеты в киоске, но сегодня он .... их в магазине. (покупать/купить)
10. Костя .... детектив неделю, но так ещё и не .... (читать/прочитать)
11. Татьяна всегда .... книги в библиотеке, сегодня она .... книги у брата. (брать/взять)
12. Этот мальчик всегда .... правду, но сейчас он .... неправду. (говорить/сказать)

Г. Пишите правильный вид и форму глаголов:

1. Когда Татьяна ………………………….. (говорить/сказать), Антон ……………………………………… (есть/съесть) мясо и (пить/выпить) пиво.
2. Вчера мы ……………………………… (обедать/пообедать) в ресторане 2 часа.
3. Когда Пётр ……………………………. (показывать/показать) фотографии и ……………………………………………. (рассказывать/рассказать) о России, его бельгийские друзья внимательно ……………………………… его. (слушать/послушать)
4. В кафе Костя всегда …………………………… (брать/взять) пиво, а Лариса горячий шоколад.
5. Саша думает, что …………………………… (забывать/забыть) портфель в кафе.
6. Вчера, когда Тамара была в театре, она ……………………………………… (встречать/встретить) там свою подругу Лену.
7. Антон всегда …………………………… (спрашивать/спросить) меня, как я живу.
8. Вчера Софи ……………………………… письма домой. Она ……………………………………………, как она живёт и что ……………………………………… в Петербурге. (писать/написать; делать/сделать)
9. Павел …………………………………… пальто. Он часто …………………………………… вещи. (терять/потерять)

Д. Измените текст. Действие было один раз:

Виктор - мой школьный друг. Обычно в пятницу мы встречаемся в кафе. Мы пьём коктейль и кофе и долго разговариваем. Иногда мы едим пиццу. Виктор пишет стихи и обычно читает мне их в кафе. Он пишет прекрасные стихи. Я всегда говорю, что он прекрасный поэт. Виктор говорит, что он совсем не поэт, а любитель и что стихи он пишет только для меня. Потом мы покупаем билеты в кино и обычно смотрим комедию.

Виктор – мой школьный друг. Вчера, в пятницу мы …………………………………………… ……………………
………
……
………
………………………………………………………………………………

Е. Пишите в будущем времени. Читайте, работайте в парах:

Модель: - Завтра я прочитаю книгу.
- Сколько времени ты будешь читать книгу?
- Я буду читать книгу полтора часа.

                                                                                                                                            Ответ

1. Завтра я напишу письмо. ………………………………………………………………………………………
2. Утром я поищу документ. ………………………………………………………………………………………
3. Сегодня я сделаю эту работу. …………………………………………………………………………………
4. Антон сделает упражнения. ……………………………………………………………………………………
5. Сегодня я покажу фотографии. ………………………………………………………………………………
6. Вечером я посмотрю телевизор. ……………………………………………………………………………
7. Утром Антон послушает радио. ………………………………………………………………………………
8. Галина напишет роман. …………………………………………………………………………………………

Ё. Пишите в будущем времени:

1. Марина быстро …………………………………… большой роман. Она ……………………………………… его каждый день. (читать/прочитать)
2. Сегодня я ……………………………… на занятия словарь. Я всегда ……………………………………… словарь на занятия. (брать/взять)
3. Сегодня вечером Антон ………………………………… на письмо. Он всегда ……………………………… на письма вечером. (отвечать/ответить)
4. Сегодня мы ……………………………………… книги друзьям. Мы всегда ……………………………………… книги друзьям. (давать/дать)
5. В воскресенье я …………………………………… в Москву. Я всегда …………………………………… в Москву в воскресенье. (звонить/позвонить)

37

УРОК № 6 — ШЕСТОЙ УРОК

Русские, какие они?

Я давно хотел посетить Москву, но у меня не было времени. Я всегда очень занят. Наконец, я решил, что в этот отпуск я поеду в Россию. Я хочу узнать русскую культуру, русскую кухню, и, особенно, русских людей. Я даже начал изучать русский язык. Ура! Я лечу в Москву… Надеюсь, что Александр встретит меня в аэропорту…

Винительный падеж существительных				
Единственное число				
	Именительный падеж		**Винительный падеж**	

М.Р.	**Кто?**
	Друг
	Профессор
	Антон
	Преподаватель
	Николай
			Кого?
			Я встретил друга
			    профессора
			    Антона
			    преподавателя
			    Николая
				Одушевл. = Род.п.
				-а
				
				-я

	Что? Журнал Музей		**Что?** Я читал журнал Я посетил музей	Неодушевл. = Им.п.
Ср.Р.	Письмо		Я пишу письмо	= Им.п.

Ж.Р.	**Кто?**
	Сестра
	Татьяна
	Собака
	Наталья
	Лошадь
		Что?
		Книга
		
		Семья
		Площадь
			Кого? **Что?**
			Я люблю сестру книгу
			    Татьяну
			    Собаку
			    Наталью семью
			    Лошадь площадь
					Одушевл. =
					неодушевл.
					
					-у
					-ю
					-ь

Множественное число				
Одушевленные существительные = родительный падеж				
М.Р.	**Кто?** Студент Гений		**Кого?** Я слушаю студентов Я знаю гениев	-ов -ев
			Если окончания - Ь и Ж, Ш, Щ, Ч	

	Писатель
	Врач
	Товарищ
			Я слушаю писателей
			    врачей
			    товарищей
				-ей

Ж.р.	Актриса Лошадь Мария		Я знаю актрис Я люблю лошадей Марий	-∅ -ей -ий
Неодушевленные существительные = именительный падеж				

Запомните:

	Именительный падеж Единств./множеств.число	Винительный падеж Множественное число
Мужской род	Брат/братья	братьев
	Друг/друзья	друзей
	Сын/сыновья	сыновей
Женский род	Сестра/ сёстры	сестёр
	Мать/ матери	матерей
	Дочь/дочери	дочерей
	Люди	людей
	Дети	детей
	Родители	родителей

Задание 1. Кто кого любит?

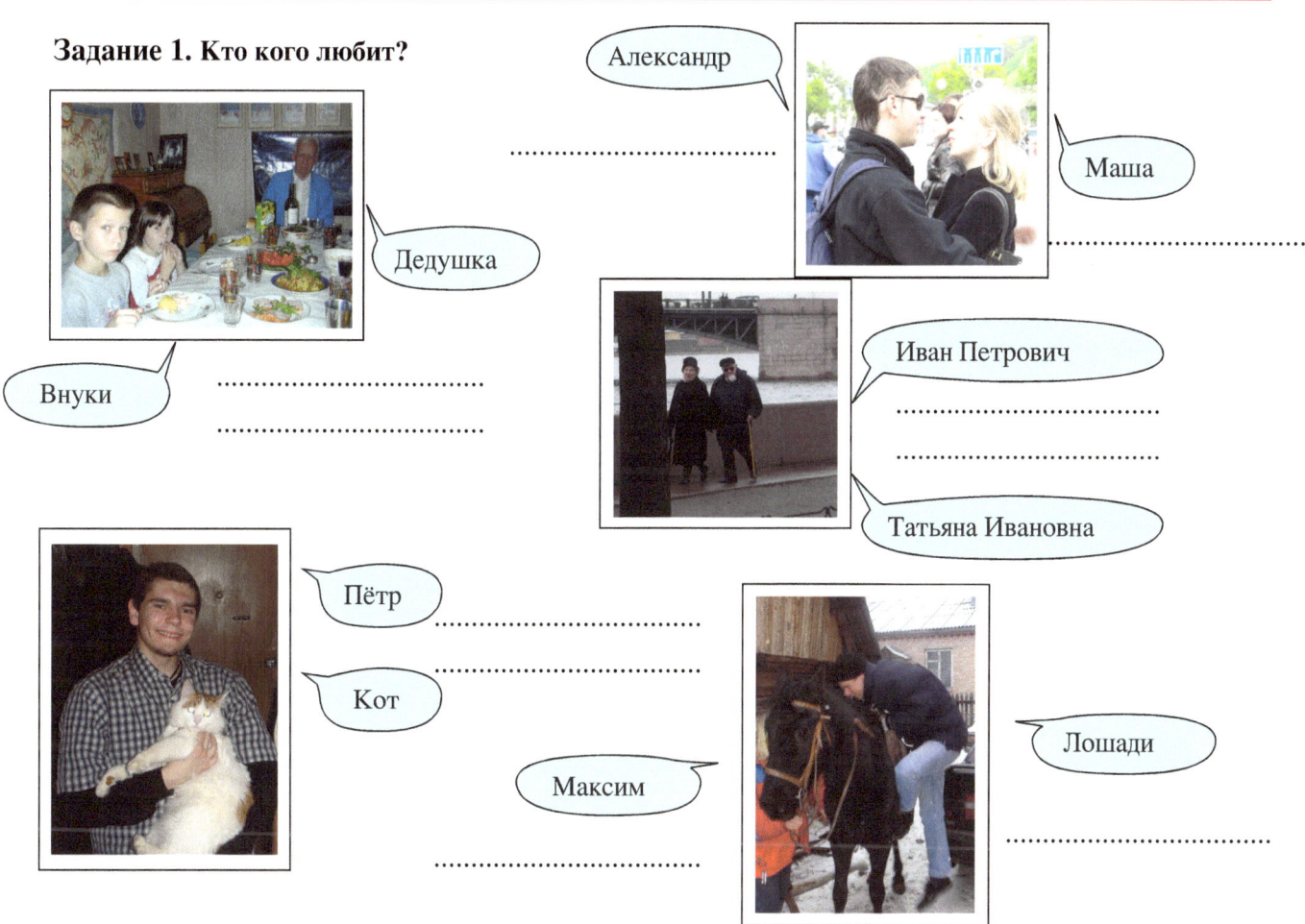

Личные местоимения. Винительный падеж		
Я	меня	Вчера я давал интервью по телевизору. Вы видели меня?
Ты	тебя	Я жду тебя уже час.
Он	его	Где Максим? Я его ищу.
		Ты купил словарь? Да, я купил его вчера.
Оно	его	Ты прочитал это письмо? Да я прочитал его вчера.
Она	её	Это Наташа. Я знаю её уже 5 лет.
		Ты прочитал эту статью? Да, я прочитал её утром.
Мы	нас	Наши друзья приглашают нас завтра в гости.
Вы	вас	Я вас сто лет не видел!
Они	их	Завтра прилетят наши коллеги. Кто их будет встречать?

Р39. Задание 2. Слушайте и читайте. Подчеркните винительный падеж.
Читайте по ролям:

Александр встречает Поля в аэропорту.

Поль:
- Наконец, я в Москве, в аэропорту Шереметьево. Сейчас надо заполнить миграционную карту. Я буду писать по-английски. По-русски писать трудно. Потом надо идти на паспортный контроль и потом получать багаж…
Так, всё в порядке! Багаж я получил. Таможенную декларацию заполнять не надо.
О! Как много людей! Надеюсь, что я увижу Александра…. Да, вот он!

Александр: - Привет, Поль! Как мы давно не виделись! Ну как ты?
Поль: - Привет, Александр. Рад тебя видеть. Да, мы сто лет не виделись. У меня всё хорошо. А у тебя?
Александр: - Тоже всё в порядке. Ты уже хорошо говоришь по-русски!
Поль: - Ещё нет. Я хорошо понимаю, но говорю ещё плохо.
Александр: - Какие у тебя планы? Что ты хочешь посмотреть?
Поль: - Конечно, я хочу посетить все туристические места в Москве, пойти на балет в Большой театр, пойти в хороший русский ресторан, увидеть твою жену, детей и друзей.
Александр: - Отлично! Ты хорошо знаешь Москву?
Поль: - Я был в Москве один раз очень давно – 20 лет назад и всего 2 дня. Я всё забыл. И Москва сейчас совсем другая. Ну ничего. У меня есть план города и метро. Я буду ездить на метро, на автобусе, на троллейбусе – как москвичи.
Александр: - Какую гостиницу ты заказал?
Поль: - Я заказал гостиницу «Националь». Она находится в центре. Это очень удобно!

Задание 3. Отвечайте на вопросы:

1. Кто встречал Поля в аэропорту?
2. Кого встречал Александр?
3. Что хочет посмотреть Поль в Москве?
4. Кого он хочет увидеть в Москве?
5. Какую гостиницу заказал Поль?

1. …………………………………..
2. …………………………………..
3. …………………………………..
4. …………………………………..
5. …………………………………..

Задание 4. Составьте диалоги. Работайте в парах:

- Ты давно не видел **Виктора**?
- **Виктора**? Я видел **его** вчера **на работе**.

- Ты уже **прочитал статью**?
- Нет, я ещё не **читал её**.

Татьяна - занятия
Игорь – музей
Соседи – дача
Друзья – ресторан
Родители – дом
Иван Сергеевич – агентство
Татьяна Алексеевна - собрание
Олег и Саша – лекция

Читать: книга, документы, журнал, газеты, критика
Смотреть: фильм, реклама, новости, брошюры
Заказывать: билеты, гостиница, ресторан

Винительный падеж прилагательных			
Единственное число			
	Именительный падеж	Винительный падеж	
М.Р.	**Какой?** Старый друг Новый профессор Хороший друг Последний пассажир **Какой?** Интересный журнал Современный музей Синий костюм	**Какого?** Старого друга Нового профессора **После Ж,Ш,Щ,Ч, когда флексия без ударения, и после мягких согласных** Хорошего друга Последнего пассажира **Какой?** Я читал интересный журнал Я посетил современный музей Я купил синий костюм	Одушевл. = Род.п. -ого -его Неодушевл. = Им.п. -ый -ий
Ср.р.	**Какое?** Интересное письмо Хорошее здание	**Какое?** Я пишу интересное письмо **После Ж,Ш,Щ,Ч, когда флексия без ударения, и после мягких согласных** Я вижу хорошее здание	= Им.п. -ое -ее
Ж.Р.	**Какая?** Первая подруга Хорошая собака Новая квартира Синяя блузка	**Какую?** Я люблю первую подругу Я купила хорошую собаку новую квартиру **После мягких согласных** Синюю блузку	Одушевл. = неодушевл. -ую -юю
Множественное число			
Одушевленные существительные = родительный падеж = предложный падеж			

М.Р.
Ж.р.
	Какие?
	Новые студенты
	Красивые девушки
	
	Русские друзья
	Хорошие подруги
	Последние гости
		Каких?
		Я встречаю новых студентов
		              красивых девушек
		После Г,К,Х,Ж,Ш,Щ,Ч и после мягких согласных
		Я встречаю русских друзей
		Я встречаю хороших подруг
		              последних гостей
			-ых
			
			-их

Неодушевленные существительные = именительный падеж			
М.Р. Ср.Р. Ж.Р.	**Какие?** Новые дома, пальто, блузки Большие, хорошие, последние дома, пальто, блузки	**Какие?** Я вижу новые дома, пальто, блузки Большие, хорошие, последние дома, пальто, блузки	-ые -ие

Задание 5. Составьте диалоги:

- Пойдём в **итальянский** ресторан!
- Пойдём! Я люблю **итальянскую** кухню.

Слова: Французский, греческий, китайский, японский, русский, испанский, индийский

<u>Слова:</u>
Большой театр/балет
Стадион/футбольный матч
Концертный зал/музыкальный конкурс
Третьяковская галерея/экскурсия

- Пойдём **в консерваторию на концерт**?
- Пойдём. Ты закажешь билеты? На какой день?
- **На пятницу**. Ты свободен?
- Отлично. Я свободен.

Понедельник, вторник, среда, четверг, пятница, суббота, воскресенье

- Кого ты пригласишь на вечер?
- **Хороших друзей**.

<u>Слова:</u> новые коллеги, хорошие соседи, знакомая девушка, старый друг, знаменитый профессор, иностранные туристы, французский журналист, разные люди

 Р40. Задание 6. Слушайте и читайте диалог. Читайте по ролям:

Александр: - Привет, Поль! Я тебя ищу…
Поль: - Александр! Привет! Что случилось?
Александр: - Ничего не случилось. Всё в порядке. Я хотел пригласить тебя в маленький русский ресторан.
Поль: - Прекрасная идея! Ты уже знаешь в какой?
Александр: - Да, «Русский медведь». Я закажу столик на завтра на вечер. Ты не занят?
Поль: - Нет, завтра вечером я свободен.
Александр: - Прекрасно!
Поль: - Где встретимся? В ресторане? Во сколько часов? В 19?
Александр: - Да, в ресторане в 19 часов. Тогда до завтра.

Задание 7. Заполните пропуски. Читайте диалог по ролям:

Александр: - Привет, Поль! Я ……… ищу.
Поль: - Александр! Привет! Что случилось?
Александр: - Ничего не случилось. Всё в порядке. Я хотел пригласить тебя в …………………….. …………………… ресторан.
Поль: - Прекрасная идея! Ты уже знаешь в ……………. ?
Александр: - Да, «Русский медведь». Я закажу столик на ………… ………. Ты не занят?
Поль: - Нет, завтра вечером я свободен.
Александр: - Прекрасно!
Поль: - Где встретимся? В ресторане? ………………………….? В 19?
Александр: - Да, в ресторане в 19 часов. Тогда до завтра.

Задание 8. Встаньте и пригласите учеников на спектакль, на русский фильм, на экскурсию, на конференцию, на лекцию, на футбольный матч…

Задание 9. Слушайте текст. Читайте по ролям:

Р41.

В ресторане

Александр: - Здравствуйте! Я заказал 2 места на сегодня.
Официант: - На какую фамилию?
Александр: - Иванов.
Официант: - Пожалуйста, ваш столик здесь, справа. Пожалуйста меню.
Поль: - Очень уютный ресторан… Александр, а что русские любят есть?
Александр: - Русские очень любят есть много и хорошо. Обычно русские едят три раза в день. Утром мы едим разные бутерброды, иногда кашу и пьём кофе или чай. Днём надо поесть хорошо, особенно зимой, когда холодно. На первое мы едим суп. На второе мясо или рыбу, на гарнир мы берём картошку или рис, можно ещё поесть салат. На третье мы пьём обычно компот или кисель.
Поль: - Так много!?
Александр: - Да, поэтому русский мужчина такой большой и сильный! А вечером ещё ужин!!! Закуски, горячее блюдо, чай. А в 17 часов можно выпить чай или кофе и съесть пирожное. Как говорят англичане: титайм.
Поль: - Интересно! А мы что будем есть? Давай посмотрим меню!

Р42.

Поль: - На-пит-ки…. А понимаю. Это то, что люди пьют. Александр, какие напитки любят русские?

Александр: - Сегодня молодые люди пьют всё: кока-колу, фанту, спрайт, пиво…
А люди немолодые предпочитают квас, морс, минеральную воду. Русские люди очень любят квас, особенно летом, когда жарко. Летом квас можно купить даже на улицах в киосках и сразу выпить его. Но я знаю, что иностранцы обычно не любят квас. Не знаю, почему…

Меню

Закуски	*Горячие блюда*
Салат «Оливье»	Бефстроганов
Винегрет	Котлеты по-киевски
Пирожок	Пельмени
Икра красная	Лосось на гриле
Икра чёрная	Блины
Супы	*Гарнир*
Борщ	Картофельное пюре
Бульон с пирожком	Рис
Рыбный суп	
	Десерт
Безалкогольные напитки	Торт «Наполеон»
Квас	Ванильное мороженое
Морс	Кофе
Компот	Чай
Кисель	
Минеральная вода	*Алкогольные напитки*
Соки: томатный, яблочный, апельсиновый, ананасовый	Вино красное/белое
	Водка
	Шампанское

Задание 10. Что выбрали Александр и Поль? Работайте в парах:

Поль:

Александр: -   - Что ты выбрал, Александр?   **Поль:** -

Я закажу	Я буду
……………………	……………………
……………………	……………………
……………………	……………………
……………………	……………………
……………………	……………………

43

Задание 11. Читайте текст:

Что узнал Поль о русских, когда он был в гостях

Русские любят приглашать гостей и ходить в гости. Часто друзей принимают в кухне. Кухня – это центр домашней жизни. Здесь завтракают, обедают и ужинают, обсуждают разные проблемы, критикуют политику, министров и президентов. Кто не любит критиковать?

В кухне также смотрят телевизор. Часто телевизор есть во всех комнатах и в кухне. Русские мужчины любят смотреть информационные передачи, передачи о политике, экономике и финансах.
Женщины смотрят женские передачи – о здоровье, о детях, о семье, о путешествиях, но тоже о политике, а также рекламу. Они любят тоже смотреть старые советские фильмы.
Бабушки любят смотреть иностранные сериалы – американские, бразильские, французские… Они думают, что когда они смотрят красивые сериалы, они узнают о жизни в других странах. И потом говорят: «Как там хорошо живут и как мы плохо живём!»

Русские, в принципе, люди весёлые. Они любят рассказывать анекдоты. Когда русские пьют вино, водку или другие алкогольные напитки, они всегда говорят тосты.

«За здоровье!» «За успехи!» «За нас!» «За хороших друзей!»

Мужчины всегда говорят тост «За женщин!»

Русские любят читать и обсуждать литературу и писателей. Конечно, они хорошо знают русскую классическую литературу, потому что они изучают её ещё в школе – Пушкина, Достоевского, Толстого, Чехова, Тургенева, Лермонтова… Поль говорит, что он не знал, что русские так хорошо знают европейских и американских писателей. Они читают Виктора Гюго, Дюма, Мериме, Сервантеса, Диккенса, Маркеса, Хэмингуэя, Сэлинджера, Коэльо, Борхеса, Мураками…

Задание 12. Что вы узнали о русских людях?

Где любят принимать друзей русские?
Что любят обсуждать русские?
Что смотрят русские по телевизору?
Что любят рассказывать русские?
Каких писателей читают русские?
Какие тосты говорят русские?
Что вы ещё узнали о русских?

Задание 13. Работайте в группе:
Поль в Париже. Что он рассказывает о России и русских людях?
Роли: Жена, дети, друзья – задают вопросы.
    Поль – отвечает.

Задание 14. Расскажите, какие бельгийцы, англичане, французы, немцы…

УПРАЖНЕНИЯ

А. Пишите в правильной форме. Задайте вопросы к словам:
Модель: Что любит Поль? Кого любит Поль?

Поль любит ....
....
Жена Моника, дети, друзья, кино, пельмени, вино, работа, бабушка, дедушка.

Его жена любит ....
....
Романы, вернисажи, коктейли, путешествия, театр, подруги, дети, муж Поль.

Александр любит ....
....
Подруга Татьяна, друг Поль, компьютер, политика, машины, работа, пиво.

Его подруга Татьяна любит ....
....
Друг Александр, собака Тобик, кошка Мурка, мода, косметика, музыка, дом, философия, литература.

Собака Тобик любит ....
Александр, Татьяна, мясо, парк,
но не любит ....
кошка Мурка, рыба.

Кошка Мурка любит ....
Александр, рыба, дом,
но не любит ....
Татьяна, мясо, собака Тобик.

Б. Пишите правильную форму:

Поль очень любит ....
....
....
(русская кухня, особенно красная и чёрная икра, борщ, пирожки и
котлеты по-киевски)
Александр, конечно, ест ....
....
(украинский борщ и пирожки, русские мясные и рыбные блюда)
но предпочитает ....
(французская и итальянская кухня)
Когда Поль был в Москве, он ходил ....
....
(Большой театр, Третьяковская галерея, хороший русский ресторан, гости)
Когда Поль был в гостях он встретил ....
....
(интересные люди, маленькие дети, знакомый французский журналист, симпатичная девушка)

В. Пишите в правильной форме. Читайте в парах:

Модель: - Куда ты идёшь? - (библиотека) в библиотеку.
 - В какую? (историческая) В историческую.

1. - Что вы вчера смотрели? - .... (фильм).
 - Какой? .... (французский).

2. - Кого ты ждёшь? - .... (друг).
 - Какого? .... (новый).

3. - Кого ты встречаешь? .... (профессора).
 - Каких? .... (английские).

4. - Я ищу .... (газета).
 – Какую? ....(вчерашняя).

5. - Вчера мы ходили .... (выставка).
 - На какую? .... (архитектурная).

6. - Я приглашаю тебя ....(матч).
 – На какой? .... (футбольный).

7. - В воскресенье я приглашу в гости .... (друзья).
 - Каких? .... (любимые).

8. – Я люблю .... (пиво).
 – Какое? .... (бельгийское).

9. - Я заказала .... (суп).
 - Какой? .... (рыбный).

10. - Я начал изучать .... (иностранный язык).
 - Какой? .... (русский).

11. - Я буду есть .... (мороженое).
 - Какое? .... (ванильное).

12. – Я видела .... (преподаватель).
 – Какого? ....(новый).

Г. Пишите правильную форму. Читайте в парах:

Модель:

Пётр ждёт .... (старый друг). ....?
Пётр ждёт старого друга.   Какого друга? Старого.

Анна видела .... (любимая подруга) ....
Поль встретил .... (симпатичная девушка) ....
Александр ходил на...............................(официальная встреча) ....
Мы пригласили ....(итальянские туристы) ....
Они обсуждают ....(транспортные проблемы) ....
Мы ждём ....(английские гости) ....
Анна встретила ....(старые знакомые) ....
Они слушают ....(американские коллеги) ....
Мы пойдём на ....(итальянская опера) ....
Я видела ....(новый профессор) ....

Д. Пишите в правильной форме:

Модель: Я был в Большом театре. Я ходил в Большой театр.

Мы были .... (гости) Мы ходили ....
Татьяна была .... (интересный спектакль)
 Татьяна посмотрела ....
Игорь был ....(футбольный матч)
 Игорь ходил ....
Мы были ....(хороший ресторан)
 Мы пойдём ....
Они были ....(интересная экскурсия)
 Они ходили ....
Туристы были ....(древние города)
 Туристы ездили ....
Мы отдыхали ....(Уральские горы)
 Мы ездили ....
Наши коллеги были ....(металлургические заводы)
 Наши коллеги посетили ....
Мы были ....(французская опера)
 Марина пригласила нас ....

УРОК № 7 — СЕДЬМОЙ УРОК

Иностранец в городе

Что означают эти вывески?
(Смотрите слова в словаре)

М (Метро)
А (Автобус)
Т (Троллейбус)
Тр (Трамвай)

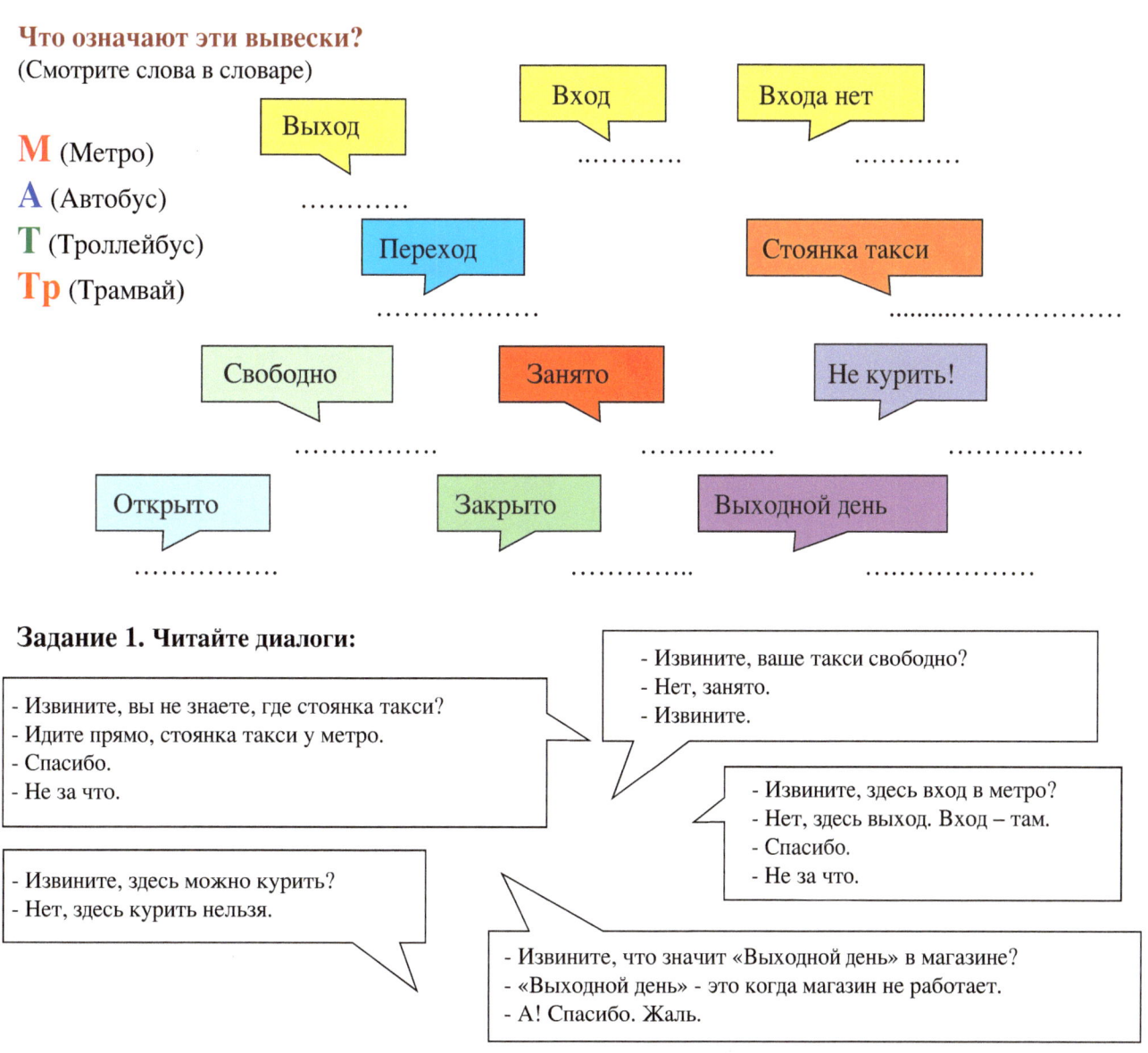

Задание 1. Читайте диалоги:

— Извините, вы не знаете, где стоянка такси?
— Идите прямо, стоянка такси у метро.
— Спасибо.
— Не за что.

— Извините, ваше такси свободно?
— Нет, занято.
— Извините.

— Извините, здесь вход в метро?
— Нет, здесь выход. Вход – там.
— Спасибо.
— Не за что.

— Извините, здесь можно курить?
— Нет, здесь курить нельзя.

— Извините, что значит «Выходной день» в магазине?
— «Выходной день» - это когда магазин не работает.
— А! Спасибо. Жаль.

Задание 2. Ситуации. Пишите реплики:

Слова: Жаль, свободно, не за что, нельзя, прекрасно

В театральной кассе

— Здравствуйте, у вас ещё есть билеты на сегодня на балет «Лебединое озеро»?
— Да, есть ещё два билета.
— ………………………! Я куплю два билета.

В московском кафе

— Извините, здесь можно курить?
— Нет, ……………………………

В газетном киоске

— Извините, у вас ещё есть газета «Аргументы и факты»?
— Нет, больше нет.
— ………………!

На стоянке такси

— Извините, ваше такси ………?
— Нет, занято.
— Спасибо
— ………………………

Повелительное наклонение

		-Й	-ЙТЕ
Читать	Мы чита-ем	Читай	Читайте
Узнать	Мы узна-ем	Узнай	Узнайте
		-И	-ИТЕ
Смотреть	Мы смотр-им	Смотри	Смотрите
Показать	Мы покаж-ем	Покажи	Покажите
Сказать	Мы скаж-ем	Скажи	Скажите
Заполнить	Мы заполн-им	Заполни	Заполните
Взять	Мы возьм-ём	Возьми	Возьмите
Спросить	Мы спрос-им	Спроси	Спросите
Идти	Мы ид-ём	Иди	Идите
Пойти	Мы пойд-ём	Пойди	Пойдите
Ехать	Мы ед-ем	Езжай	Езжайте
Поехать	Мы поед-ем	Поезжай	Поезжайте
		-Ь	-ЬТЕ
Забыть	Мы забуд-ем	Забудь	Забудьте

 Р43. Задание 3. Слушайте, читайте по ролям:

В гостинице

Поль: - Здравствуйте! Я заказал номер.
Администратор: - Здравствуйте! Как Ваша фамилия?
Поль: - Моя фамилия Дюпон.
Администратор: - На сколько дней Вы заказали номер?
Поль: - На неделю.
Администратор: - Да, хорошо, заполните, пожалуйста, этот формуляр.

Администратор: - Ваш номер 312. Это третий этаж. Комната 12. Вот Ваш ключ. Езжайте на лифте. Лифт находится в холле слева.
Поль: - Спасибо. Скажите, пожалуйста, где будет завтрак?
Администратор: - Завтрак в ресторане на втором этаже.
Поль: - Спасибо. Скажите, а как можно поехать на экскурсии?
Администратор: - Спросите турагента. Турагентство находится на первом этаже в холле справа.
Поль: - Большое спасибо. Всего хорошего!
Администратор: - Не за что. Всего хорошего!

Гостиница «Украина» в Москве

Имя……………………………………
Фамилия………………………………
Дата рождения………………………
Национальность……………………
Профессия……………………………
Поспорт………………………………
Когда прибыл…………………………
Когда выезжает………………………

Задание 4. Ответьте на вопросы:
1. На сколько дней Поль заказал номер? ....
2. На каком этаже находится его номер? ....
3. На каком этаже находится ресторан? ....
4. На каком этаже находится турагентство? ....

Р44. Задание 5. Диалог: Поль – Администратор гостиницы. Пишите реплики Поля. Слушайте и проверяйте на странице 68:

Поль: -	Администратор: - Здравствуйте! Как Ваша фамилия?
Поль: -	Администратор: - На сколько дней Вы заказали номер?
Поль: -	Администратор: - Да, хорошо. Ваш номер 312.
Поль: -	Администратор: - На третьем этаже. Вот Ваш ключ. Езжайте на лифте.
Поль: -	Администратор: - Завтрак в ресторане на втором этаже.
Поль: -	Администратор: - Спросите турагента.
Поль: -	Администратор: - Турагентство находится на первом этаже в холле справа.
Поль: -	Администратор: - Не за что. Всего хорошего!

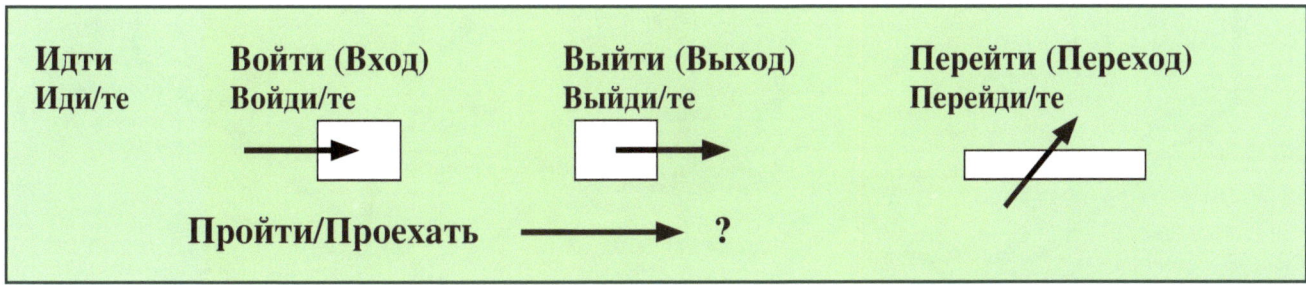

Идти   Войти (Вход)   Выйти (Выход)   Перейти (Переход)
Иди/те   Войди/те   Выйди/те   Перейди/те

Пройти/Проехать ⟶ ?

Задание 6. Читайте текст по ролям:

В городе:
Как проехать? Как пройти?

Ой, кажется, я потерялась…! Ничего не понимаю…
Где я? Широкий проспект, большие дома…
Где название улицы? Я не вижу…

- Извините, скажите, пожалуйста, какая это улица?
- Это Ленинский проспект. А что Вы ищете?
- Я иду в Московский цирк.
- Вы хотите идти пешком? Это очень далеко!

Езжайте на метро. Вот там, видите, переход. Перейдите на другую сторону улицы, потом пойдите направо. Там Вы увидите вход в метро. Это станция «Ленинский проспект». Вы идёте в новый или старый цирк? В Москве два цирка.

- Не знаю. Вот билет…
- У вас билет в старый цирк. Это на Цветном бульваре. Езжайте на метро до станции «Тургеневская». Перейдите на станцию «Сретенский бульвар» и езжайте до станции «Трубная». Когда выйдете в город, спросите, как пройти в цирк. На каждой станции есть схема метро. Посмотрите схему!
- Большое спасибо!
- Не за что.

Задание 7. Объясните, как проехать. Работайте в парах:

Софи находится на станции «Университет». Она не знает, как проехать на станцию «Киевская»
Софи: - Извините, пожалуйста. Как проехать на станцию «Киевская»?
XXX: - Езжайте до станции «Парк культуры». Потом перейдите на кольцевую линию и езжайте до станции «Киевская».

Станции: Курская – Орехово; Пролетарская – Шаболовская; Сокол – Тушинская; ВДНХ – Марьино; Алтуфьево – Ясенево; Спортивная - Южная

P45. Задание 8. Слушайте и читайте по ролям:

В турагентстве

Поль: - Здравствуйте! Скажите, пожалуйста, у вас есть экскурсии в Суздаль?
Агент: - Конечно, есть. Вы хотите поехать индивидуально или в группе?
Поль: - Я думаю в группе. На каком языке будет экскурсия? На английском?
Агент: - Да, у нас есть экскурсия на английском языке в субботу и в среду. Когда Вы хотите?
Поль: - Я буду свободен в субботу. Но я должен позвонить Ирине. Я не знаю, когда она свободна. «Алло! Ирочка, дорогая, когда ты свободна? Я хочу пригласить тебя на экскурсию. В Суздаль. Я ещё там не был. Я закажу на субботу? Пока, до встречи, дорогая!»
Поль: - Пожалуйста, два места на субботу.
Агент: - Хорошо, два места на субботу.
Поль: - Спасибо!
Агент: - Не за что!

Задание 9. Ответьте на вопросы:

Куда хочет поехать Поль?
На каком языке он хочет слушать экскурсию?
В какие дни есть экскурсии на английском языке?
На какой день он заказывает экскурсию?
Сколько мест он заказывает?

....
....
....
....
....

P46. Задание 10. Поль звонит Ире. Пишите реплики Поля. Слушайте и проверяйте на стр.68. Читайте по ролям:

Поль: - Ирочка, ………………………………........!
Поль: - …………………………….................………?
Поль: …………………………………………..
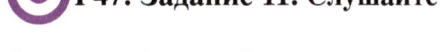
Поль: - …………………………………………
Поль: - ……………………………………….....?

Поль: - ………………………………………….....

Ира: - Здравствуй, дорогой.
Ира: - Я свободна в субботу. А что?
Ира: - На экскурсию? Прекрасная идея!
А куда?
Ира: - В Суздаль? Отлично, я тоже ещё там не была.
Ира: - Да, очень хорошо, закажи на субботу.
До встречи, Поль.

P47. Задание 11. Слушайте и отвечайте в императиве.

Задание 12. Делайте диалоги:

В гостинице:	В турагентстве:	Вы приглашаете друга/подругу на экскурсию:
Вы:	Вы:	Вы: ....
Администратор:	Турагент:	Друг: ....
....	....	Вы: ....
Вы:	Вы:	....
Администратор:	....	Друг: ....
....	Турагент:	....
Вы	....	Вы: ....
Администратор	Вы:	....
Вы:	....	Друг: ....
....	Турагент:	....
....	....	Вы: ....

УПРАЖНЕНИЯ

А. Поставьте глаголы в повелительном наклонении:

Сделать	....	....	Заполнить	....	....
Заказать	....	....	Позвонить	....	....
Взять	....	....	Ехать	....	....
Узнать	....	....	Показать	....	....
Дать	....	....	Спешить	....	....
Прочитать	....	....	Работать	....	....
Смотреть	....	....	Делать	....	....
Купить	....	....	Отдыхать	....	....
Писать	....	....	Посылать	....	....
Забыть	....	....	Отвечать	....	....
Сказать	....	....	Спросить	....	....

Б. Пишите в правильной форме:

Сколько дней Вы будете жить в гостинице? .... (4 дня)
На сколько дней Вы заказали гостиницу? ....

Сколько дней ты будешь читать книгу? .... (неделя)
На сколько дней ты взял книгу в библиотеке? ....

Сколько дней ты был в Москве? .... (10 дней)
На сколько дней ты ездил в Москву? ....

Сегодня .... (четверг)
На какой день ты заказала билеты в театр? ....

В. Пишите в императиве:

1. Я прошу Ивана купить мне эту книгу.
   ....
2. Я прошу Сергея Петровича позвонить эксперту.
   ....
3. Я прошу Марка написать письмо.
   ....
4. Я говорю Ирине, что не надо спешить, у нас есть время.
   ....
5. Я прошу Ольгу взять документы в библиотеке.
   ....
6. Я говорю Диме, что нужно не забыть позвонить домой.
   ....
7. Я говорю Павлу, что нужно прочитать эту статью. Она очень интересная.
   ....
8. - Таня, что сказать Максиму? - ...., что мы придём в эту субботу.
9. Я прошу Петра узнать номер телефона театра.
   ....
10. Я прошу Татьяну дать мне словарь.
    ....

Г. Составьте диалоги по модели:

А – Купи мне эту книгу, пожалуйста.
Б – Хорошо, куплю.

Д. Пишите в императиве:

1. Пассажиры должны заполнить декларацию.
2. Мы должны найти документы.
3. Джон должен написать, что у него в чемодане.
4. Он должен позвонить в ресторан.
5. Вы не должны гулять поздно вечером.
6. Мы должны пройти на регистрацию и паспортный контроль.
7. Ты должна взять эту книгу в библиотеке.
8. Нужно пойти в театральный киоск и узнать, какие спектакли идут в театрах.

Е. Поставьте в повелительном наклонении. Читайте в парах:

- Можно взять твою ручку?
- Да, ..., пожалуйста!

- Можно мы посмотрим этот каталог?
- Да, конечно, ...

- Какой спектакль сегодня идёт в Большом театре?
- Я не знаю.
- ...., пожалуйста, в кассе!

- На какой день заказать экскурсию?
- .... на воскресенье.

- Ты уже позвонила домой?
- Нет ещё.
- Не .... позвонить вечером!

Ё. Заполните пропуски. Читайте в парах:

1. - Я иду в магазин.
   - ....?
   - В книжный.
   - .... мне словарь, пожалуйста. (купить)
   - ....?
   - Русско-английский.

2. - Завтра я увижу .... (друг)
   - ....?
   - .... Ты его знаешь. (Бельгийский)
   - Роберта? .... ему, что я позвоню послезавтра. (сказать)

3. - В воскресенье мы едем на экскурсию.
   - ....?
   - В Суздаль и Владимир.
   - .... меня! (Взять)

4. - Извините, мы не можем найти ресторан.
   - ....?
   - Итальянский.
   - .... прямо, потом направо. Он находится на площади. (Идти)

УРОК № 8   ВОСЬМОЙ УРОК

Что, где купить?

ЦИФРЫ:

100 – сто	500 – пять*сот*	1000	- тысяча
200 – двест*и*	600 – шесть*сот*	1000000	- миллион
300 – трист*а*	700 - семь*сот*	1000000000	- миллиард
400 – четырест*а*	800 - восемь*сот*		
	900 - девять*сот*		

ДЕНЬГИ

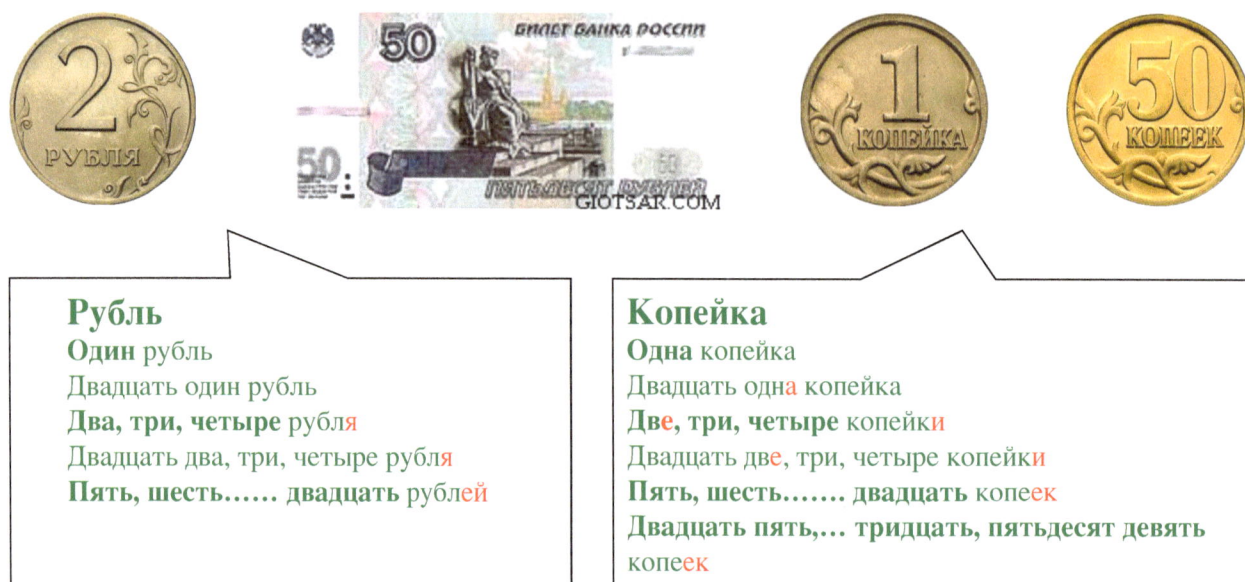

Рубль
Один рубль
Двадцать один рубль
Два, три, четыре рубл**я**
Двадцать два, три, четыре рубл**я**
Пять, шесть…… двадцать рубл**ей**

Копейка
Одна копейка
Двадцать одн**а** копейка
Две**, три, четыре** копейк**и**
Двадцать дв**е**, три, четыре копейк**и**
Пять, шесть……. двадцать копе**ек**
Двадцать пять,… тридцать, пятьдесят девять копе**ек**

Сколько стоит……?

Задание 1. Ответьте на вопросы:

Сколько стоит эта газета?

25 р. 00 к.

Сколько стоят эти часы?
560 р.70 к.

………………………………?
1 400 000 р.

……………………?
1 538 900 р.

……………………………?
41 850 р

Родительный падеж существительных			
Единственное число			
	Именительный падеж	**Родительный падеж**	
М.р.	Кто? Что? Друг Журнал Карандаш Преподаватель Николай Словарь	Кого? Чего? У него три друга В киоске нет журнала У меня нет карандаша Здесь нет преподавателя Николая У меня нет словаря	-а -я
Ср.р.	Окно Море	В комнате два окна На берегу моря	-а -я
Ж.р.	Сестра Минута Семья Площадь	У меня две сестры У нас есть ещё три минуты У него нет семьи Здесь нет площади	-ы -и
	Книга Маша Собака	**После Г,К,Х,Ж,Ш,Щ,Ч** Я купила четыре книги У Маши есть две собаки	-и
Множественное число			
	Кто? Что?	Кого? Чего?	
М.р.	Студент Журнал Гений Музей Месяц	В нашей группе семь студентов В киоске нет журналов Я не знаю гениев Здесь нет музеев Пять месяцев	-ов -ев
Ж.р.	Книга Журналистка Неделя	В магазине нет книг Здесь нет журналисток Пять недель	-0
Ср.р.	Окно	В комнате нет окон	
М.р. Ж.р. Ср.р.	Писатель Врач Площадь Море	**Когда окончание –Е, -Ь и после Ж, Ш, Щ, Ч** Я знаю пять писателей врачей площадей морей	-ей
Ж.р. Ср.р.	Мария Здание	**Когда окончания –ИЯ, -ИЕ** Марий Зданий	-ий

☞ **У меня нет времени!**

	Именительный падеж Единствен./множеств.ч.	Родительный падеж Множественное число
Мужской род	Брат/братья	братьев
	Друг/друзья	друзей
	Сын/сыновья	сыновей
Женский род	Сестра/ сёстры	сестёр
	Мать/ матери	матерей
	Дочь/дочери	дочерей
	Семья/семьи	семей
	Люди	людей
	Дети	детей
	Родители	родителей
	Соседи	соседей

> У Вас есть брат? – Нет, у меня нет брата.
> В магазине есть журналы? – Нет, в магазине нет журналов.

Задание 2. Ответьте отрицательно на вопросы:

Здесь есть буфет? - ……………………………............
У тебя есть собака? - …………………………............
Сегодня есть урок? - …………………………............
У тебя есть билет в кино? - ……………………..
У Виктора есть дети? - …………………………......

В киоске есть книги? - ……………………………...........
На этой улице есть магазин? - ……………..………
У вас в доме есть лифт? - ……………………..............
В меню есть суп? - ……………………………………
В музее есть посетители? - …………………………..

> **Сколько, много, мало, несколько + родительный падеж мн.ч.**

Сколько у тебя книг? – У меня много книг.
В прошлом году я была несколько дней в Петербурге.
В этом ресторане мало людей. Наверное, это плохой ресторан.

Задание 3. Посмотрите слова в словаре. Соедините две колонки:

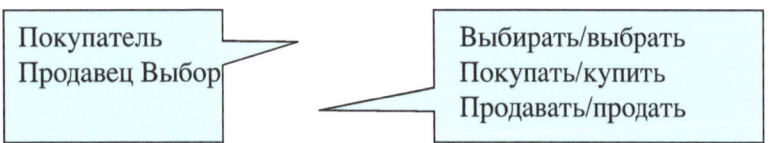

Покупатель
Продавец Выбор

Выбирать/выбрать
Покупать/купить
Продавать/продать

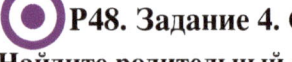 **Р48. Задание 4. Слушайте текст, читайте в парах. Найдите родительный падеж:**

В книжном магазине

Марина – продавец. Она работает в книжном магазине. Она говорит, что в магазине всегда много покупателей, потому что в их магазине большой выбор книг.

Игорь: - Добрый день! Я ищу хороший подарок – интересную книгу. Что у вас можно купить?

Марина: - Наши клиенты покупают современную русскую литературу, исторические романы, детективы, фантастику, русскую и зарубежную классику. Мы также хорошо продаём фотоальбомы. Вот, посмотрите этот фотоальбом о Москве… Это прекрасный подарок! Здесь есть текст на русском и английском языках.

Игорь: - Да, прекрасный фотоальбом. Сколько он стоит?

Марина: - Он стоит тысячу рублей.

Игорь: - Это недорого. Я куплю два фотоальбома.

Марина: - Пожалуйста, два фотоальбома стоят 2000 рублей.

Игорь: - Спасибо.

Задание 5. Ответьте на вопросы:

1. Кто по профессии Марина?
2. В каком магазине она работает?
3. В магазине мало покупателей?
4. Какой подарок ищет Игорь?
5. Какие книги покупают клиенты в магазине?
6. Какой подарок купил Игорь?
7. Сколько стоит фотоальбом?
8. Сколько фотоальбомов купил Игорь?
9. Сколько стоят два фотоальбома?

«ДЛЯ» «У» + родительный падеж

Я купил сувениры для друзей.
Я не пойду на спектакль,
потому что у меня нет билета.
У тебя есть время? Пойдём в кино!
– Нет я не могу, у меня нет времени.
У Татьяны и Ивана сегодня гости.

Я	У/для меня
Ты	У/для тебя
Он	У/ для него
Она	У/для неё
Мы	У/для нас
Вы	У/для вас
Они	У/для них

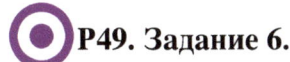

Р49. Задание 6.

Слушайте текст, читайте в парах.

Найдите родительный падеж:

В магазине «Подарки»

Покупатель: - Извините, пожалуйста, я хочу купить подарки и сувениры для друзей. Что я могу купить?

Продавец: - Все иностранцы знают русскую матрёшку. Конечно, это очень симпатичный сувенир о России. Вот, посмотрите, здесь шесть матрёшек!

Покупатель: - Да, спасибо, но у меня уже есть матрёшки. А что можно купить ещё?

Продавец: - Для жены или для подруги вы можете купить красивую русскую шаль. У нас есть красные, белые, синие и чёрные шали.

Покупатель: - Покажите, пожалуйста, эту шаль.

Продавец: - Какую? Красную или чёрную?

Покупатель: - Красную, пожалуйста. Да, очень красивая. Сколько она стоит?

Продавец: - Эта шаль стоит 795 рублей.

Покупатель: - Очень хорошо, спасибо. Для жены это прекрасный подарок!

Задание 7. Ответьте на вопросы:

1. Для кого хочет купить подарки и сувениры покупатель?
2. Какой знаменитый русский сувенир показывает продавец?
3. Какой сувенир покупает покупатель?
4. Для кого покупает покупатель шаль?
5. Какую шаль покупает покупатель?
6. Сколько стоит шаль?

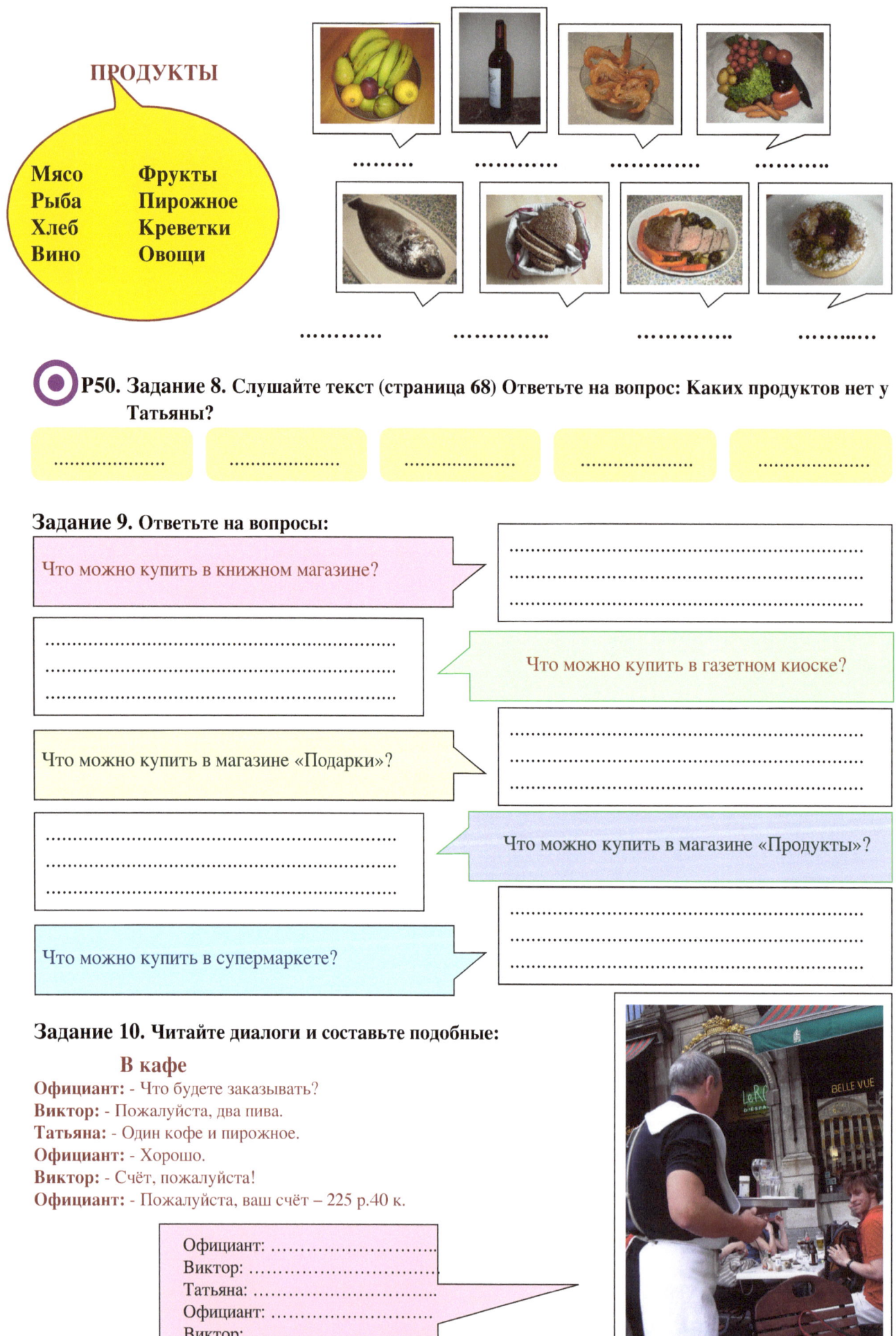

ПРОДУКТЫ

Мясо   Фрукты
Рыба   Пирожное
Хлеб   Креветки
Вино   Овощи

P50. Задание 8. Слушайте текст (страница 68) Ответьте на вопрос: Каких продуктов нет у Татьяны?

Задание 9. Ответьте на вопросы:

Что можно купить в книжном магазине?

Что можно купить в газетном киоске?

Что можно купить в магазине «Подарки»?

Что можно купить в магазине «Продукты»?

Что можно купить в супермаркете?

Задание 10. Читайте диалоги и составьте подобные:

В кафе

Официант: - Что будете заказывать?
Виктор: - Пожалуйста, два пива.
Татьяна: - Один кофе и пирожное.
Официант: - Хорошо.
Виктор: - Счёт, пожалуйста!
Официант: - Пожалуйста, ваш счёт – 225 р.40 к.

Официант: ………………………
Виктор: ………………………
Татьяна: ………………………
Официант: ………………………
Виктор: ………………………
Официант: ………………………

В газетном киоске:

Ольга: - Скажите, пожалуйста, у вас есть газеты «Коммерсант» и «Аргументы и факты»?
Продавец: - ……………………………
Ольга: - ……………………………
Продавец: - «Коммерсант» стоит 35 рублей и «Аргументы и факты» 28 рублей.
Ольга: - Дайте, пожалуйста, «Коммерсант» и «Аргументы и факты».
Продавец: - ……………………………
Ольга: - Вот, пожалуйста, ………… руб. Спасибо.

В магазине «Подарки»:

Пётр: ……………………………..
Продавец: ……………………………..
Пётр: ……………………………..
Продавец: ……………………………..
Пётр: ……………………………..

В театральной кассе:

Ирина: - Здравствуйте, скажите, пожалуйста, у вас есть билеты на оперу «Аида» на завтра?
Кассир: - На завтра билетов нет. Есть на пятницу. Хорошие места в партере.
Ирина: - Хорошо. Я возьму 4 билета. Сколько это стоит?
Кассир: - 1200 рублей.
Ирина: - Вот, пожалуйста. Спасибо, до свидания.

Ирина: - Здравствуйте, скажите, пожалуйста, у вас есть билеты на ……………………………..
Кассир: - На ……… билетов нет. Есть на …………... Хорошие места в партере.
Ирина: - Хорошо. Я возьму…………. Сколько это ………….?
Кассир: - …………………………
Ирина: - Вот, пожалуйста. Спасибо, до свидания.

Что вы знаете о России?

В России 142 миллиона жителей. В России живёт более 100 национальностей.
В Москве: 10 500 000 жителей. (Данные Википедии, 2009 год)

УПРАЖНЕНИЯ

А. Пишите правильную форму:

1. У Татьяны нет ………………………….. (компьютер). 2. У меня нет ……………………..…… (книга).
3. У Виктора нет ……………………..…….. (костюм). 4. У нас нет ……………………..……..(собака).
5. У них нет ………………… (дети). 6. У Маши нет ……………… (брат). 7. У Александра нет ……………..
(виза). 8. Там нет ……………………..(пляж). 9. Сегодня в театре нет …………………………. (спектакль).
10. У меня нет ……………………..…… (время). 11. У Саши нет ……………………..……. (билет).

Б. Пишите правильную форму:

5 руб……20 коп…….	102………….84………….91……….….55………………	1015………….99…………….
204………....78……....	563………….62………….400……....19………………	335……….....39………....
18………..04…….....	627…………13…………772……....40…………	2 579………………………..

В. Спрягайте глаголы:

Выбирать	Выбрать
…………	…………
…………	…………
…………	…………
…………	…………
…………	…………
…………	…………

Продавать	Продать
…………	…………
…………	…………
…………	…………
…………	…………
…………	…………
…………	…………

Покупать	Купить
…………	…………
…………	…………
…………	…………
…………	…………
…………	…………
…………	…………

Г. Пишите в правильной форме. Читайте в парах:

Модель: Этот сувенир для Ивана Петровича. Для кого? Для Ивана Петровича.

		Вопрос	Ответ
Этот подарок для	………………….. (Антон)	………………	………………
Эти цветы для	……………………. (Ирина)	………………	……..………
Эта машина для	…………………… (Игорь Иванович)	………………	………………..
Эти билеты в театр для	…………… (друзья)	………………	……………….
Этот компьютер для	……………… (брат)	………………	……………….
Этот сувенир для	………………….. (директор)	………………	……………….
Эти книги для	……………………. (подруги)	………………	……………….

Д. Ответьте на предложение, используя следующие фразы:

- Ты поедешь в круиз?
- Я очень хочу, но не могу, ……..

- Ты пойдёшь сегодня в театр?
- Я очень хочу, но не могу, …….

- Ты пойдёшь на футбол?
- Нет, не пойду, ………..

- Ты будешь смотреть фильм по телевизору?
- Нет, не буду, ………..

> потому что у меня нет времени.
> потому что у меня нет телевизора.
> потому что у меня нет денег.
> потому что у меня нет билета.

Е. Ответьте на вопросы: Модель: - У кого нет машины? - У Татьяны.

Слова:
телевизор, собака, компьютер, билет в кино, словарь, деньги, машина, время, продукты, дети, документы, виза, паспорт, брошюра, книги.
Иван, Олег Викторович, Ирина Петровна, директор, секретарь, студент, я, ты, мы, вы, он, она, они, друзья, коллеги, брат, сестра.

УРОК № 9 — ДЕВЯТЫЙ УРОК

ПОВТОРЕНИЕ

ВИНИТЕЛЬНЫЙ ПАДЕЖ
Предлоги: в/на

Существительные
Вопросы: Что? Кого? Куда (в/на)? Когда (в)?

1/ Что ты читаешь? (журнал, документ, письмо, брошюра, газета, информация, текст, роман, история, статья)
....
....

2/ Что ты видел? (фильм, кино, выставка, спектакль, презентация, балет)
....
....

3/ Кого ты видел? (брат, друг, директор, коллега, сестра, друзья, Татьяна, Александр, журналисты, актёры, специалисты, подруги, актрисы)
....
....

4/ Куда ты идёшь? [в/на] (кино, театр, музей, гости, опера, спектакль, урок, лекция, презентация, конференция, работа, банк, собрание, концерт, театр)
....
....

5/ Куда вы едете? [в/на] (Россия, Украина, Молдавия, Беларусь, Казахстан, Кипр, Куба, Москва, Париж, Брюссель, Барселона)
....
....

6/ Когда вы идёте в кино? [в] (понедельник, вторник, среда, четверг, пятница, суббота, воскресенье)
....
....

7/ Когда вы были в банке? (1 минута, час, день, неделя, месяц, год)
.... назад.

8/ Когда вы поедете в Москву? (1 минута, час, день, неделя, месяц, год)
Через ....

Прилагательные
Вопросы: Какого? Какой? Какое? Какую? Каких? Какие?

9/ Какого преподавателя Вы встретили? (новый, умный, интересный, французский)
....
....

10/ Какой фильм ты смотрел? (старый, скучный, интересный, итальянский, документальный)
....

11/ Какое дело ты делаешь? (новое, старое, интересное, глупое, трудное, лёгкое)
....

12/ Какую девушку ты встретил? (красивая, умная, глупая, симпатичная, гостеприимная, весёлая, хорошая, добрая)
....
....

13/ Каких журналистов вы знаете? (русские, английские, американские, умные, интересные)
....

14/ Какие журналы вы читаете? (исторические, женские, политические, экономические, финансовые, детские)
....

15/ В какую библиотеку вы идёте? (историческая, новая, музыкальная, детская)
....

16/ В какие музеи вы ходили? (современные, архитектурные, исторические, научные, детские)
....

РОДИТЕЛЬНЫЙ ПАДЕЖ
Предлоги: для, у

Существительные
Вопросы: Кого? Чего?

17/ 2, 3, 4 (минута, час, день, неделя, месяц, год, рубль, копейка, друг, подруга, студент, студентка, профессор, коллега)
....

18/ 5, 6, 10, 15 ….. много, мало, сколько, несколько (минута, час, день, неделя, месяц, год, рубль, копейка, фильм, книга, журналист, коллега, друзья, письмо, город, этаж, слово, музей)
....
....

19/ - У Вас есть телевизор? – Нет, у меня нет телевизора.
У вас есть (машина, компьютер, документы, билеты в театр, программа телевидения, принтер, время)?
Нет, у меня нет ……………………………………………………………………………………..
....

Здесь нет (собака, кошка, машина, журнал, дети, магазин, рестораны, библиотека, музей, вино, пиво, вода)
....
....

Сегодня нет (урок, конференция, лекция, собрание, фильм, спектакль, презентация)
....
....

20/ Для, у
Я купил букет цветов для ………… (Елена, Татьяна, сестра, девушка, подруга, мама, бабушка)
....
....

У кого есть русские книги? (друзья, Иван, Ирина, сестра, подруга, друг, Татьяна Петровна, коллега, брат)
....
....

ПРЕДЛОЖНЫЙ ПАДЕЖ
Предлоги: в/на, о

Существительные
Вопросы: Где? О ком? О чём? Как (на чём?)

21/ Где вы отдыхали летом? (море, горы, юг, дача, Тунис, Россия, Америка, Испания, Италия)
....
....

22/ О ком ты думаешь? (мать, отец, сестра, брат, друг, подруга, жена, муж, дети, дочь, сын, коллеги)
....
....

23/ О чём вы разговариваете? (политика, экономика, литература, финансы, кризис, автомобили, дети, жизнь, фильмы, книги, футбол)
....
....

24/ Как Вы едете на работу? На чём? (метро, троллейбус, автобус, трамвай, такси, машина, велосипед)
....
....

Прилагательные
Вопросы: В/на/о каком? В/на/о какой? В/на/о каких?

25/ В каком городе Вы живёте? (большой, красивый, старый, современный)
....

26/ На какой выставке Вы были? (интересная, маленькая, историческая, архитектурная, большая)
....

27/ О каких друзьях вы разговариваете? (старые, молодые, новые, симпатичные, русские, бельгийские, немецкие)
....
....

28/ Выберите правильный вариант:

Когда начинается конференция?	А. 8 часов
Сколько времени продолжается конференция?	Б. В 8 часов
.... вы ездили летом?	А. Где
.... вы были летом?	Б. Куда
Что ты .... вчера?	А. Делал
Ты уже .... эту работу?	Б. Сделал
Завтра Виктор .... статью.	А. Будет писать
Он .... её весь день.	Б. Напишет
Завтра я .... книги в библиотеке.	А. Беру
Я всегда .... книги в библиотеке.	Б. Возьму
Вчера Софи весь вечер .... письма.	А. Написала
Она .... письмо и потом начала читать книгу.	Б. Писала
Пять лет .... я жил в России.	А. Через
.... пять лет я буду жить в Бельгии.	Б. Назад
.... ком вы говорите?	А. Для
Мой брат живёт .... Москве.	Б. В
Вчера мы ходили .... концерт.	В. У
.... кого эти цветы?	Г. На
.... Виктора нет собаки.	Д. О
Когда .... спектакль?	А. Начинать
Когда вы .... работать?	Б. Начинаться
Спектакль .... в 22 часа.	А. Продолжаться
Магазин .... в 10 часов.	Б. Открываться
Уроки .... в 19 часов.	В. Начинаться
Ресторан .... в 23 часа.	Г. Кончаться
Фильм .... полтора часа.	Д. Закрываться
В Милан я .... на самолёте.	А. Полетим
Летом мы .... в Канаду.	Б. Летали
Как вы поедете на Корсику? Мы .... на самолёте.	В. Лечу

……... это? Это Виктор. ………………. нет словаря? ………… ты встретил вчера на конференции?	А. Кого Б. Кто В. У кого
Это ………… компьютер. Этот компьютер для ……………. .	А. него Б. его
Я ………… в центр. Как проехать в центр? ………………. на метро!	А. Еду Б. Езжайте
Виктор ……………. портфель. Он ……………… его весь день. Он ……………. его в шкафу.	А. Нашёл Б. Искал В. Потерял

51. 29/ Слушайте и пишите, сколько стоят эти вещи (проверяйте на стр.68):

Эта газета стоит ……………………

Эта машина стоит ……………………

Эти бананы стоят ……………………

Этот чемодан стоит ……………………

Это пирожное стоит ……………………

Эти цветы стоят ……………………

Эта дача стоит ……………………

Этот компьютер стоит ……………………

30/ Что вы узнали о русских?

1. Русские люди – какие они? ……………………………………………………………………………
2. Что любят обсуждать русские? ………………………………………………………………………
3. Что любят смотреть русские по телевизору? ………………………………………………………
4. Каких писателей читают русские? ……………………………………………………………………
5. Какие тосты вы знаете? ………………………………………………………………………………

31/ Что Вы знаете о России?

1. Где находится Россия? На каких континентах? ……………………………………………………
2. Какая столица России? ………………………………………………………………………………
3. Какой второй город России? …………………………………………………………………………
4. Какие ещё города вы знаете? …………………………………………………………………………
5. Какие реки и моря в России вы знаете? ……………………………………………………………
6. Какой город находится на берегу Волги? …………………………………………………………
7. Какой город находится на Чёрном море? …………………………………………………………
8. Какой климат в России? ………………………………………………………………………………
9. Сколько жителей в России? …………………………………………………………………………
10. Сколько жителей в Москве? …………………………………………………………………………
11. Что вы знаете о Москве? ……………………………………………………………………………
12. Что вы знаете о Петербурге? ………………………………………………………………………

ТЕКСТЫ ДЛЯ ПРОСЛУШИВАНИЯ

УРОК № 1

Задание 3:

 **Р1.**

Сергей:	- Привет, Лена. Я должен купить новый французско-русский словарь. Ты не знаешь, когда открывается книжный магазин на Арбате? В 09:00 или в 10:00?
Лена:	- Я думаю в 10:00. А закрывается в 20:00.

 **Р2.**

Ира:	- Таня, ты завтра идёшь на работу рано?
Таня:	- Да, завтра я иду на работу рано. У нас завтра конференция. Она начинается в 10:00. Я должна быть на работе уже в 08:30.
Ира:	- А когда кончается ваша конференция?
Таня:	- В 17:00.
Ира:	- Отлично! Пойдём вечером в кино?
Таня:	- Пойдём! Когда начинается фильм?
Ира:	- Фильм начинается в 17:30.
Таня:	- Но в 17:30 я не могу! Я кончаю работать только в 18:00 часов.
Ира:	- Тогда пойдём в ресторан! Рестораны открываются в 19:00.
Таня:	- Хорошо. Встречаемся в 19:00 в ресторане «Эдельвейс».

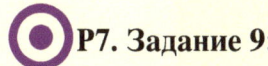 **Р7. Задание 9:**

Кто Вы по профессии? Что производит Ваша фирма? Сколько лет Вы работаете на фирме? Когда Вы едете на работу? Сколько времени Вы едете на работу? Как Вы едете на работу? Во сколько часов начинается Ваше собрание? Во сколько часов Вы кончаете работать?

УРОК № 2

Тексты

 **Р9. Задание 2:** 1. Куда Вы ездили летом? 2. Куда Вы ходили вчера вечером? 3. Куда Вы ходили позавчера? 4. Куда Вы ездили в выходные дни? 5. Куда Вы ходили в воскресенье? 6. Куда Вы ездили в субботу?

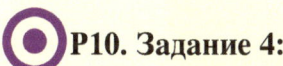 **Р10. Задание 4:**

Виктор – студент. Он учится в институте в Москве и изучает математику и физику. Утром в понедельник он ходил в институт и слушал лекции, потом днём занимался в библиотеке. Во вторник он весь день был в институте, потому что должен был заниматься в лаборатории. В среду он не ходил в институт, он занимался утром дома. Днём он ходил в магазин и купил новый компьютер. А вечером он ходил на курсы, потому что он изучает английский язык.
Виктор, как практически все студенты, немного работает. Он работает в редакции «Экономист». В четверг он ходил работать в редакцию. А вечером был в баре и пил пиво. В пятницу он весь день был в институте, а потом ночью на дискотеке. В субботу утром он долго спал, а потом звонил в Петербург и долго разговаривал. Вечером он ходил в кино. В воскресенье днём он ходил на стадион играть в футбол, а потом ничего не делал, отдыхал дома.

Задание 14:

 Р12. Софи была в Костроме

Я живу в Париже и изучаю русский язык, потому что у меня есть очень симпатичный русский друг Ваня. Он живёт в Костроме. Я решила летом **посетить** этот город. Сначала я была в Москве. В Кострому я ехала на поезде одну ночь. На вокзале меня встречал мой друг Ваня.
Я первый раз была в России и не знала город Кострому. Ваня сказал, что Кострома – это «Золотое кольцо России», старинный русский город. Этот город небольшой и находится он на берегу Волги. Волга – это большая, **широкая** и очень красивая река. Я жила в гостинице в центре. Дома в центре старые, но моя гостиница была новая.
Мы ходили на центральную площадь, в торговые ряды – это коммерческий центр, и ездили в Ипатьевский монастырь. Сейчас это музей.
Погода была тёплая, и мы купались в Волге. Вечером мы ходили в драматический театр. Это было прекрасное путешествие. Хорошо, что у меня есть симпатичный друг Ваня.

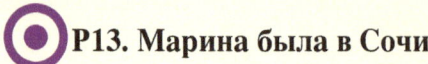 **Р13. Марина была в Сочи**

Все мои друзья любят отдыхать в Турции, Испании, Франции, на Кипре, в Италии. А я летом ездила в Сочи. Я живу в Москве. И всего 2 часа **на самолёте** - и вот я в Сочи. Сочи – это знаменитый русский курорт. Вот оно – Чёрное море – тёплое, красивое, синее! Пляж – 140 километров. Можно купаться, где хочешь! **Природа**: море, горы и леса. Климат субтропический, как в Ницце, Каннах, Сан-Ремо, Монте-Карло…

Я жила не в гостинице, а в квартире, потому что я ездила «дикарём». Ездить дикарём – это значит ездить как индивидуал, неорганизованный турист. Хотите ехать на экскурсию? Нет проблем. Турагенты есть везде.

Я ходила гулять в горы, в парк «Дендрарий», купалась в море и, конечно, ходила на знаменитый сочинский музыкальный фестиваль.

Зачем ехать в другие страны, когда можно прекрасно отдыхать в России на море!

УРОК № 3

Тексты

Задание 6

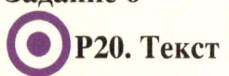 **Р20. Текст 1**

Это Максим Викторович. Он живёт в Москве. По профессии он бухгалтер и работает в фирме. Москва – очень большой город. Максим Викторович живёт не в центре, а его фирма находится в центре, поэтому каждый день он долго едет на автобусе и на метро на работу. Он говорит, что его жизнь неинтересная. Только работа – транспорт – дом. Через год он пойдёт на пенсию. Когда он будет на пенсии, жизнь будет прекрасная. Он поедет жить в деревню. Он будет много спать, немного работать в саду, читать газеты, смотреть телевизор и пить пиво в баре.

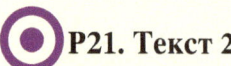 **Р21. Текст 2**

Татьяна – студентка. Она учится последний год в институте. Она будущий преподаватель. У неё уже есть муж. Он молодой русский бизнесмен. Татьяна говорит, что через год, когда у неё будет диплом, она не будет работать, потому что работать в школе очень трудно. Будет работать её муж. А она будет делать гимнастику, читать женские журналы и готовить ужины.

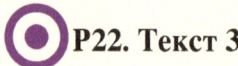 **Р22. Текст 3**

Игорь – модельер. Он работает в доме моделей и создаёт мужские, женские и детские костюмы. Он говорит, что его работа очень интересная. Но его начальник очень трудный и несимпатичный человек. Поэтому Игорь хочет работать один. Через год у него будет свой магазин. Он поедет в Италию и во Францию изучать дизайн и рынок. Через два года он будет импортировать итальянские и французские костюмы в Россию.

Р23. Текст 4

Антон – повар. Он очень любит готовить. Его любимое место в доме – кухня. У него есть маленький ресторан в Угличе. Углич – это небольшой старинный русский город. В ресторане Антон готовит русские блюда. Он говорит, что дела идут плохо. У него большая конкуренция. Его конкуренты – русские бабушки. В ресторане никого нет, потому что бабушки хорошо готовят и все семьи едят дома. У Антона есть грандиозный план! Через год он хочет поехать в Азию, во Вьетнам, и открыть там русский ресторан. Он будет готовить борщ, винегрет, бефстроганов, котлеты по-киевски.

Добро пожаловать в русский ресторан во Вьетнаме!

Р25. Упражнение И

1. О каких проблемах любят читать мужчины?
2. О каких мужчинах любят говорить женщины?
3. О каком доме Вы мечтаете?
4. О какой жизни мечтает студентка Татьяна?
5. О каких делах думает утром Иван Петрович?

УРОК № 5

Тексты

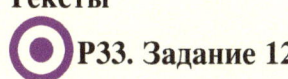 **Р33. Задание 12**

1. - Ты уже получил приглашение?
2. - Ты уже заказал билет на самолёт?
3. - Ты уже получил визу?
4. - Ты уже заказал гостиницу?
5. - Ты уже заказал такси?
6. - Ты уже приготовил документы?
7. - Ты уже позвонил в Петербург?
8. - Ты уже заполнил формуляр?
9. - Ты уже заполнил декларацию?
10. - Ты уже ездил в посольство?

Задание 15

 **Р34.** - Ваш паспорт, пожалуйста…

- Пожалуйста.
- Вы заполнили анкету?
- Да, вот она.
- Всё в порядке. Спасибо.
- Спасибо. До свидания.

 **Р35.** - Здравствуйте! Ваш билет и паспорт, пожалуйста.

- Здравствуйте, вот, пожалуйста, билет и паспорт.
- У Вас есть багаж?
- Да, один чемодан и сумка.
- Сумку Вы возьмёте в салон?
- Да, я возьму её в салон самолёта.
- Хорошо. Счастливого пути!
- Спасибо. До свидания.

 Р36. - Добрый вечер. Что будете пить?

- А что у Вас есть?
- Есть минеральная вода, томатный и апельсиновый соки, красное и белое вино.
- Пожалуйста, минеральную воду и красное вино.
- Что будете есть? Мясо или рыбу?
- Мясо, пожалуйста.
- Пожалуйста. Потом будет кофе или чай.
- Спасибо.

Задание 16

 Р37. Действие 1. Коктейль в гостинице «Конрад»

Бизнесмен: - Здравствуйте!
Татьяна: - Здравствуйте. Татьяна.
Безнесмен: - Очень приятно. Брюно Равиолетти. Я думаю, что Вы русская…
Татьяна: - Интересно, почему Вы так думаете?
Бизнесмен: - Вы очень хорошо говорите по-русски и по-французски…
Татьяна: - Да, я переводчик. Я сопровождаю российскую делегацию. Мы изучаем европейский рынок. Мы хотим экспортировать в Европу русские и сибирские пельмени.
Бизнесмен: - Что Вы говорите! Как интересно! А у меня есть завод, где мы производим итальянские равиоли. Хотите посмотреть?
Татьяна: - Итальянские равиоли – это как русские пельмени!

 Р38. Действие 2. По секрету

Татьяна: - Вы знаете русский язык?
Бизнесмен: - Нет, я не говорю ни по-русски, ни по-английски. НО….
　　　　　　«Я помню чудное мгновенье
　　　　　　Передо мной явилась ты…
Татьяна: - Как мимолётное виденье
　　　　　　Как гений чистой красоты…»
　　　　　　Вы знаете Пушкина?
Бизнесмен: - Немного. Это прекрасный поэт. Романтичная русская душа! Таня, у Вас тоже романтичная душа! Поедем в Милан! Я покажу Вам свой завод, мы поедим равиоли, посмотрим красивые витрины…
Татьяна: - Сейчас? А виза?
Бизнесмен: - У Вас есть виза. У вас шенгенская виза.
Татьяна: - А билеты на самолёт, гостиница?
Бизнесмен: - Нет проблем. Я всё сейчас закажу! Наш рейс в Милан в 20:00. Мы должны быть в аэропорту в 19:00.

УРОК № 7

Тексты

 Р44. Задание 5. Диалог: Поль – Администратор гостиницы. Пишите реплики Поля. Слушайте и проверяйте.

Поль: - Здравствуйте, я заказал номер.
Администратор: - Здравствуйте! Как Ваша фамилия?
Поль: - Моя фамилия Дюпон.
Администратор: - На сколько дней Вы заказали номер?
Поль: - На неделю.
Администратор: - Да, хорошо. Ваш номер 312.
Поль: - На каком этаже находится этот номер?
Администратор: - На третьем этаже.
Вот Ваш ключ. Езжайте на лифте.
Поль: - Скажите, пожалуйста, где будет завтрак?
Администратор: - Завтрак в ресторане
на втором этаже.
Поль: - Спасибо. Скажите, как можно поехать на экскурсии?
Администратор: - Спросите турагента.
Поль: - Где находится турагентство?
Администратор: - Турагентство находится на первом этаже в холле справа.
Поль: - Большое спасибо. Всего хорошего.
Администратор: - Не за что. Всего хорошего!

 Р46. Задание 10. Пишите реплики Поля. Слушайте и проверяйте:

Поль: - Ирочка, здравствуй, дорогая!
Ира: - Здравствуй, дорогой.
Поль: - Когда ты свободна?
Ира: - Я свободна в субботу. А что?
Поль: - Я хочу пригласить тебя на экскурсию.
Ирина: - На экскурсию? Прекрасная идея! А куда?
Поль: - В Суздаль. Я ещё там не был.
Ирина: - В Суздаль? Отлично, я тоже еще там не была.
Поль: - Я закажу на субботу?
Ирина: - Да, очень хорошо, закажи на субботу. До встречи, Поль.
Поль: - Пока, до встречи, дорогая.

 Р47. Задание 11. Слушайте и отвечайте в императиве.

1. Можно посмотреть твой журнал? ....
2. Можно взять твою ручку? ....
3. Нужно позвонить в Москву? ....
4. Нужно написать письма? ....
5. Нужно узнать, где идёт этот фильм? ....
6. Нужно заполнить декларацию? ....
7. Хочешь, я куплю билет в кино? ....
8. Хочешь, я расскажу анекдот? ....
9. Хочешь, я покажу фотографии? ....
10. Нужно заказать билеты в театр? ....

УРОК № 8

 Р50. Задание 8. Слушайте текст (страница 58)

Мы ждём гостей.
Татьяна: - Ваня, ты не забыл, что у нас сегодня будут гости! Пойдём в магазин! Нужно купить продукты.
Иван: - Нет, не забыл. Но зачем идти в магазин? У нас всё есть! И ты знаешь, что я не люблю ходить в магазины.
Татьяна: - У нас ничего нет для гостей. У нас нет рыбы, нет креветок, нет вина, нет хлеба, нет торта. А я хочу приготовить хороший ужин: салат из креветок, рыбу, чай, торт и фрукты… Мы пойдём в супермаркет. Там всё можно быстро купить.

УРОК № 9

 Р51. 29. Слушайте и пишите, сколько стоят эти вещи:

Газета стоит 25 р. Машина стоит 1400000 р. Бананы стоят 100 р. 20 к. Чемодан стоит 983 р.50 к.
Пирожное стоит 87 р. Цветы стоят 250 р. Дача стоит 1780 000 р. Компьютер стоит 42 760 р.

ПОУРОЧНЫЙ СЛОВАРЬ

Урок № 1

Вставать	Месяц	Пить
Год	Минута	Продолжать/ся
День	Начинать/ся	Производить
Договориться	Неделя	Полтора
Есть	Несколько	Полчаса
Закрывать/ся	Открывать/ся	Собрание
Кончать/ся	Отлично	Сколько
		Составить
		Час

Урок № 2

Весёлый	Назад	Самолёт
Воскресенье	Погода	Север
Восток	Понедельник	Среда
Вторник	Посетить	Старинный
Выходные дни	Потому что	Суббота
Гостеприимный	Почему	С удовольствием
Гость	Поэтому	Узкий
Дикарём	Природа	Ходить
Ездить	Праздничные дни	Художник
Запад	Пятница	Четверг
Летом	Рынок	Широкий
		Юг

Урок № 3

Блюдо	Начальник	Согласен
Будущий	Пенсия	Создавать
Вспоминать	Повар	Спать
Высокий	Поговорка	Через
Деревня	Поехать	
Завтра	Пойти	
Международный	Помнить	
Мечтать	Послезавтра	
Модельер		
Молодёжь		

Урок № 5

Брать	Заказывать	Работник
Вдруг	Заполнять	Редко
Взять	Забывать	Розыск
Волноваться	Искать	Сказать
Глава	Лететь	Случаться
Голова	Находить	Совет
Горячий	Необыкновенный	Сопровождать
Давать	Опаздывать	Срочно
Душа	Покупать	Странно
	Порядок	Терять
	Приглашение	Часто

Урок № 6

Блин	Обсуждать	Решить
Жарко	Особенно	Свободный
Зимой	Отпуск	Сильный
Икра	Официант	Сосед
Лосось	Пирожное	Таможня
Медведь	Пирожок	Удобно
Место	Предпочитать	Успех
Мороженое	Приглашать	Холодно
Надеяться	Принимать	Яблочный

Урок № 7

Войти	Жаль	Прибыть
Выезжать	Ключ	Проехать
Выйти	Не за что	Пройти
Выход	Перейти	Рождение
Вход	Переход	Стоянка

Урок № 8

Выбирать	Овощи	Стоить
Выбор	Пирожное	Счёт
Зачем	Подарок	Хлеб
Зарубежный	Покупатель	Чёрный
Круиз	Продавать	Шаль
Матрёшка	Продавец	
Наверное	Продукт	

ТАБЛИЦЫ: ПАДЕЖИ

Винительный падеж существительных: Что? Кого? Куда? (в/на)

Единственное число

	Именительный падеж	Винительный падеж	

М.Р.	**Кто?**
	Друг
	Профессор
	Антон
	Преподаватель
	Николай
		Кого?
		Я встретил друга
		               профессора
		               Антона
		               преподавателя
		               Николая
			Одушевленные = Род.п.
			-а
			
			-я

	Что? Журнал Музей	**Что?** Я читал журнал Я посетил музей	**Неодушевленные = Им.п.** =Им.п.
Ср.р.	Письмо	Я пишу письмо	

Ж.Р.	**Кто?** **Что?**
	Сестра Книга
	Татьяна
	Собака
	Наталья Семья
	Лошадь Площадь
		Кого? **Что?**
		Я люблю сестру книгу
		             Татьяну
		             Собаку
		             Наталью семью
		             Лошадь площадь
			Одушевл. = неодушевл.
			-у
			
			-ю
			-ь

Множественное число

Одушевленные существительные = родительный падеж

	Кто?	Кого?	
М.Р.	Студент Гений	Я слушаю студентов Я знаю гениев **Если окончания - Ь** **и Ж, Ш, Щ, Ч**	**-ов** **-ев**

	Писатель
	Врач
	Товарищ
		Я слушаю писателей
		              врачей
		              товарищей
			-ей

Ж.р.	Актриса Лошадь Мария	Я знаю актрис Я люблю лошадей Марий	**-Ø** **-ей** **-ий**

Неодушевленные существительные = именительный падеж

Запомните!

	Именительный падеж Единств./множеств. чис.	Винительный падеж Множественное число
Мужской род	Брат/братья	братьев
	Друг/друзья	друзей
	Сын/сыновья	сыновей
Женский род	Сестра/ сёстры	сестёр
	Мать/ матери	матерей
	Дочь/дочери	дочерей
	Люди	людей
	Дети	детей
	Родители	родителей

Винительный падеж прилагательных: Какого? Какой? Какое? Какую? Каких? Какие? (в/на)			
Единственное число			
М.Р.	Именительный падеж **Какой?** Старый друг Новый профессор	**Винительный падеж** **Какого?** Стар**ого** друга Нов**ого** профессора	Одушевл. = Род.п. **-ого**
	Хор**о**ший друг Последний пассажир	**После Ж,Ш,Щ,Ч, когда флексия без ударения, и после мягких согласных** Хор**о**ш**его** друга Последн**его** пассажира	**-его**
	Какой? Интересный журнал Современный музей Синий костюм	**Какой?** Я читал интересный журнал Я посетил современный музей Я купил синий костюм	Неодушевл. = Им.п. **-ый** **-ий**
Ср.р.	**Какое?** Интересное письмо	**Какое?** Я пишу интересн**ое** письмо	= Им.п. **-ое**
	Хор**о**шее здание	**После Ж,Ш,Щ,Ч, когда флексия без ударения, и после мягких согласных** Я вижу хор**о**ш**ее** здание	**-ее**
Ж.Р.	**Какая?** Первая подруга Хорошая собака Новая квартира Синяя блузка	**Какую?** Я люблю перв**ую** подругу Я купила хорош**ую** собаку нов**ую** квартиру **После мягких согласных** Син**юю** блузку	одушевл. = неодушевл. **-ую** **-юю**
Множественное число			
Одушевленные существительные = родительный падеж = предложный падеж			
М.Р. **Ж.р.**	**Какие?** Новые студенты Красивые девушки	**Каких?** Я встречаю нов**ых** студентов красив**ых** девушек	**-ых**
	Русские друзья Хорошие подруги	**После Г,К,Х,Ж,Ш,Щ,Ч и после мягких согласных** Я встречаю русск**их** друзей Я встречаю хорош**их** подруг	**-их**
Неодушевленные существительные = именительный падеж			
М.Р. **Ср.Р.** **Ж.Р.**	**Какие?** Новые дома, пальто, блузки Большие, хорошие, последние дома, пальто, блузки	**Какие?** Я вижу нов**ые** дома, пальто, блузки Больш**ие**, хорош**ие**, последн**ие** дома, пальто, блузки	**-ые** **-ие**

	Родительный падеж существительных: Кого? Чего? (у/для)		
	Единственное число		
	Именительный падеж	Родительный падеж	
	Кто? Что?	**Кого? Чего?**	
М.р.	Друг	У него три друга	
	Журнал	В киоске нет журнала	
	Карандаш	У меня нет карандаша	**-а**
	Преподаватель	Здесь нет преподавателя	
	Николай	Николая	**-я**
	Словарь	У меня нет словаря	
Ср.р.	Окно	В комнате два окна	**-а**
	Море	На берегу моря	**-я**
Ж.р.	Сестра	У меня две сестры	
	Минута	У нас есть ещё три минуты	**-ы**
	Семья	У него нет семьи	
	Площадь	Здесь нет площади	**-и**
		После Г,К,Х,Ж,Ш,Щ,Ч	
	Книга	Я купила четыре книги	
	Маша Собака	У Маши есть две собаки	**-и**
	Множественное число		
	Кто? Что?	**Кого? Чего?**	
М.р.	Студент	В нашей группе семь студентов	**-ов**
	Журнал	В киоске нет журналов	
	Гений	Я не знаю гениев	
	Музей	Здесь нет музеев	**-ев**
	Месяц	Пять месяцев	
Ж.р.	Книга	В магазине нет книг	
	Журналистка	Здесь нет журналисток	**-0**
	Неделя	Пять недель	
Ср.р.	Окно	В комнате нет окон	
		Когда окончание –Е, -Ь и после Ж, Ш, Щ, Ч	
М.р.	Писатель	Я знаю пять писателей	
	Врач	врачей	**-ей**
Ж.р.	Площадь	площадей	
Ср.р.	Море	морей	
		Когда окончания –ИЯ, -ИЕ	
Ж.р.	Мария	Марий	**-ий**
Ср.р.	Здание	Зданий	

	Предложный падеж существительных: Где? На чём? О ком? О чём? (в/на/о)		
	Единственное число		
	Именительный падеж	Предложный падеж	
М.р.	Стол Музей Словарь	В столе О музее В словаре	**- Е**
Ср.р.	Письмо Море	В письме На море	
Ж.р.	Почта Семья	На почте О семье	
	Площадь	На площади	**- И**
М.р. Ср.р. Ж.р.	Санаторий Здание Россия	В санатории В здании В России	**- ИИ**
	Множественное число		
М.р.	Город Музей Санаторий Словарь	В городах В музеях В санаториях В словарях	**- ах** **- ях**
Ср.р.	Окно Море Здание	На окнах В морях В зданиях	**- ах** **- ях**
Ж.р.	Газета Семья Организация Тетрадь	В газетах В семьях В организациях В тетрадях	**- ах** **- ях**
Исключения:	Где?		
	В аэропорту В шкафу На мосту	В саду На берегу В лесу	

	Предложный падеж прилагательных: Каком? Какой? Каких? (в/на/о)		
	Единственное число		
	Именительный падеж	Предложный падеж	
М.Р. Ср.Р.	**Какой? Какое?** Этот/тот новый большой дом Это/то второе высокое здание	**в/на/о каком?** В этом/том новом большом доме Об этом/том втором высоком здании	-ом
	Хороший друг Горячий чай Синий костюм Синее море	**После Ж, Ш, Щ, Ч,** когда флексия без ударения, и после мягких согласных О хорошем друге В горячем чае О синем костюме На синем море	-ем
Ж.Р.	**Какая?** Эта/та первая русская книга	**в/на/о какой?** В этой/той первой русской книге	-ой
	Хорошая подруга Горячая вода Синяя блузка	**После Ж, Ш, Щ, Ч,** когда флексия без ударения, и после мягких согласных О хорошей подруге В горячей воде В синей блузке	-ей
	Множественное число		

М.Р. Ср.р. Ж.р.	**Какие?**
	Эти/те первые новые дома
	                       здания
	                       книги
		в/на/о каких?
		Об этих/тех первых новых домах
		                       зданиях
		                       книгах
			-ых

	Хорошие русские друзья Коммерческие дела Синие блузки	**После К, Г, Х, Ж, Ш, Щ, Ч** и после мягких согласных О хороших русских друзьях О коммерческих делах О синих блузках	-их

Личные местоимения

Именит. падеж	Винительный п.	Родительный п.	Предложный п.
Я	Меня	У/для меня	Во/на/обо мне
Ты	Тебя	У/для тебя	В/на/ о тебе
Он	Его	У/для него	В/на/о нём
Она	Её	У/для неё	В/на/о ней
Мы	Нас	У/для нас	В/на /о нас
Вы	Вас	У/для вас	В/на/о вас
Они	Их	У/для них	В/на/о них

Vera SMIRNOVA & Co-East-West Information Services

Russian language classes, translation, interpretation

Cours de langue russe, traduction, interprétariat

Tel.: 32 (0) 2 735 19 44
Tel.mobile: 32 (0) 473 94 01 75
e-mail: info@vs-ewis.com
Web: www.vs-ewis.com

The intensive classes of the Russian language in Brussels - 30 hours takes place every year during the last two weeks of August

Le cours intensif de langue russe à Bruxelles – 30 heures – a lieu chaque année les deux dernières semaines du mois d'août

Russian language learning in Moscow

Les stages de langue russe à Moscou

www.ingramcontent.com/pod-product-compliance
Lightning Source LLC
Chambersburg PA
CBHW041537220426
43663CB00002B/66